Arul M. Arokiasamy

Warum Bodhidharma in den Westen kam

oder

Kann es ein europäisches Zen geben?

ch. falk verlag

Aus dem Englischen von
Ursula Baatz und Angelika Gilmore

Deutsche Erstveröffentlichung

Umschlaggestaltung: Josef Nysten-Riess

Satz: Plejaden Publishing Service, Boltersen
Druck: F. Steinmeier, Nördlingen

Printed in Germany
ISBN 3-89568-005-2

Inhalt

In liebem Gedenken an
Fr. Victor Löw, OFM, Dietfurt

Vorwort

Im September 1993 nahm ich in Stockholm an einer Konferenz zum Thema „Übertragung des Zen in den Westen“ teil, die von „Zen Vägen“ organisiert worden war. Als ich den Sprechern zuhörte, merkte ich, daß meine Erfahrungen und Visionen sich deutlich von denen vieler anderer unterschieden. Dies war der Anfang dieser hier im Buch zusammengefaßten Aufsätze. Die Ideen, die hier ausgedrückt werden, sind für meine Schüler und Hörer nicht neu. Aber der ernsten Reflexion und des Dialogs wegen über das, was im Westen mit Zen geschieht, spürte ich die Notwendigkeit, sie niederzuschreiben.

„Warum kam Bodhidharma *in* den Westen?“ fragt nach Bedeutung, Essenz und Modus des Zen, das in den Westen gekommen ist. Es geht um die Frage der Übertragung von Ost nach West und nimmt seinen Anfang mit dem Koan „Warum kam Bodhidharma aus dem Westen?“

Zen entstand in China im 6. Jahrhundert im Umfeld des Buddhismus, des Taoismus und des Konfuzianismus. Als Zen im 12. Jahrhundert nach Japan kam, war es genauso. Japan war bereits buddhistisch, und zugleich gab es Konfuzianismus und Shintoismus. Zen entstand in beiden Ländern als Erneuerung und Reformierung des bereits vorhandenen Buddhismus. Nun, wenn Zen in den Westen kommt, so ist sein Nährboden das Christentum zusammen mit Säkularismus, Humanismus und anderen, ähnlichen Bewegungen. Wie will Zen nun im Westen Wurzeln schlagen? Zen ist eine Übertragung von Herz zu Herz außerhalb der Schriften, unabhängig von Worten und Buchstaben. Jedoch kann Zen nur durch die Reben und Ranken der Worte und Buchstaben, durch Sprache und Bedeutung verwirklicht werden. Folglich ist die Übertragung auch eine Sache der Inkulturation. Eine Kultur ist ein System von Werten, von Symbolen und Absichten, und auch eine Lebensform. Die westliche Kultur ist durch christliche und durch säkulare, moderne und humanistische Werte und Ideale entstanden und geformt. So steht die Übertragung des Zen vor einer zweifachen Aufgabe, nämlich der Übertragung des Geistes von Herz zu Herz und von Kultur zu Kultur, und die beiden sind untrennbar miteinander verbunden.

Zen ist gekommen, um im Westen zu bleiben. Aber ob und in welchem Ausmaß authentische Übertragung stattfindet, das ist eine Frage, die nicht einfach von einigen Meistern und Schülern entschieden werden kann, die im Westen die „Zen-Sache" betreiben. Man sagt, was auch immer vom Westen berührt wird, es verwandelt sich in Konsumgüter oder in individualistische Ware. Zum Teil bedient Zen die westliche Konsumhaltung und den Individualismus, aber es liegt kein Grund für Pessimismus vor. Mein verstorbener Meister Yamada Ko-un setzte große Hoffnungen in die Begegnung des Zen mit dem Christentum. Voller Hoffnung schien er manchmal zu spüren, daß ein solches Treffen für beide die einzige Hoffnung in der heutigen Welt ist. Aber gleichzeitig beurteilte er die Qualität des Lehrens und der Lehrer sowohl in Japan als auch im Westen pessimistisch.

Wenn Zen in den Westen kommt, muß es christlichen und westlichen Werten, den Idealen und Visionen begegnen und sich damit auseinandersetzen. Einige Zen-Lehrer denken, Zen habe die ultimative Wahrheit und verachten das Christentum, oder sie erklären christliche Begriffe durch die Begriffe des Zen weg. Es gibt einige Lehrer im Westen, die allem Christlichen gegenüber feindlich eingestellt sind und die meinen, daß nur Buddhisten Zen praktizieren und lehren können. Entsprechend gibt es Christen, die nichts Buddhistisches mögen. Andere Lehrer möchten Zen in eine Therapie umwandeln oder in eine nicht-religiöse, säkulare Angelegenheit.

Ich berühre nur einige dieser Probleme und zeige einige Richtungen auf. Ich biete das nicht als meine endgültige Aussage an, wohl aber als Einladung zu Reflexionen, Fragen und Dialogen. Es ist eine Zeit des Übergangs und der schöpferischen Spannung. Jedoch ohne authentische Realisierung und ohne das Auge der Prajna-Weisheit wird nochso viel an Reflexion oder Dialog nicht ausreichen. Wir brauchen authentische Realisierung, aber zugleich auch Artikulation und Ausdruck. Das versuche ich. Ich bin zuversichtlich, daß mein Beitrag der authentischen Tradition des Zen treu bleibt, aber auch erneuernd und kreativ ist. Nur zu wiederholen, was schon gesagt und getan wurde, ist unnütz. Schöpferische Treue ist mehr als bloße Wiederholung. Im Westen braucht Zen neue Bilder und Visionen. Dies ist nur im Gespräch mit dem Christentum und anderen westlichen Bewegungen möglich.

Dies ist kein Buch für Anfänger, und es wird sich nicht leicht lesen lassen. Ich schlage Ideen und Bilder vor und lasse sie durch die Vorstellungskraft des Lesers wirken. Obwohl ich viele Autoren zitiere, bedeutet dies nicht, daß ich die Meinung dieser Leute völlig teile. Die Auswahl und die Zitate sind unsystematisch. Ich zitiere, wenn das Zitat etwas besser ausdrückt, als ich es kann, oder mich unterstützt oder neue Dimensionen hinzufügt. Alle Autoren haben mich inspiriert, und ich bin ihnen dankbar. Jedes Kapitel ist unabhängig und in sich abgeschlossen, und deshalb wird es einige Wiederholungen geben. Haben Sie Geduld mit mir. Ich würde dem Leser vorschlagen, mit dem letzten Kapitel zu beginnen. Das letzte Kapitel wird interessant und provokativ sein, das erste eher langwierig. Das vierte Kapitel (Zen eindimensional, zwei, drei...) gehört zu den wichtigen. Ich versuche dort die tieferen Dimensionen des Zen herauszuarbeiten, die Frage der Authentizität, die wohl von vielen Zen-Meistern übersehen wird. Ich stelle in diesem Kapitel christliche Themen daneben, um zu zeigen, daß Zen der christlichen Vision keineswegs fremd ist, und daß Zen und Christentum das Beste im jeweils anderen hervorbringen können.

Im ersten Kapitel stelle ich die Übertragung in Beziehung zu Bodhicitta vor, dem Erleuchtungsgeist, der das Erwecken des Geistes des Erwachens ist. Das wird den üblichen Zen-Aussagen über Bewußtsein, Nicht-Bewußtsein und Leere eine neue Perspektive geben. Übertragung als Erwecken des Herz-Geistes stellt alle anderen Ideen der Weitergabe durch Verfahrensweisen wie Techniken, Rituale und Sinnbilder, oder sogar durch Nur-Sitzen oder Koanlösen in Frage. Durch Bodhicitta betrachtet, ist die Weitergabe geheimnisvoll und kosmisch, aber auch personale Realisierung und Authentisierung von Meister-Schüler. Ich stelle den Herz-Geist in Beziehung zum Ti-Sarana und den Vier Großen Gelübden. Diese Gelübde sind die Aussage des Herz-Geistes. Ti-Sarana gewährt Umfang und Kontinuität. Im letzten Kapitel wird Bodhicitta als Herz-Geist von Sunyata betrachtet, und als das Herz in der Welt der Sinngebung, der Werte und der Ethik des Zen verstanden. Durch das Antlitz und den Ruf des anderen wird das Herz der Sunyata erweckt und ernährt. Dies ist eine neue Dimension, doch sie war von Anfang an in Bodhicitta vorhanden. Zazen und Koanübungen sind Mittel, den Herz-Geist zu formieren und zu transformieren. Der Sangha ist der „Schoß" oder Nährboden dafür.

Ich möchte zuerst Dr. Bogdan Snela danken. Er war stets eine große Hilfe. Gleichfalls möchte ich meinem jungen indischen Freund T. Benann danken, der das erste Manuskript anfertigte, und zwar in der wenigen Freizeit, die ihm neben der Arbeit blieb. Ohne seine Hilfe wäre das Manuskript nicht rechtzeitig fertig geworden. Schließlich brauche ich nicht zu betonen, wie verbunden und dankbar ich der jetzigen Leitung des Sambokyodan bin, Ji-un Kubota Roshi und Riyo-un Yamada Roshi. Meine besondere Dankbarkeit gilt Mrs. Myoen Yamada, der Gattin meines verstorbenen Meisters, für ihr liebevolles Mitgefühl und ihre Fürsorge.

Gassho!
16. Februar 1994

Ama Samy

Anmerkung:
Die chinesischen Namen und Ausdrücke werden entsprechend dem Manuskript in ihrer – bekannteren – japanischen Transliteration zitiert. Chán und Zen werden abwechselnd verwendet, wiewohl Chán meist für die chinesische Tradition verwendet wird.

Zu den Fußnoten:
Um das Verständnis und die Lektüre des Textes zu erleichtern, werden buddhistische Fachausdrücke, Eigennamen etc. nicht in einem Glossar, sondern in Fußnoten erklärt, und zwar dort, wo sie das erste Mal vorkommen.

Ursula Baatz

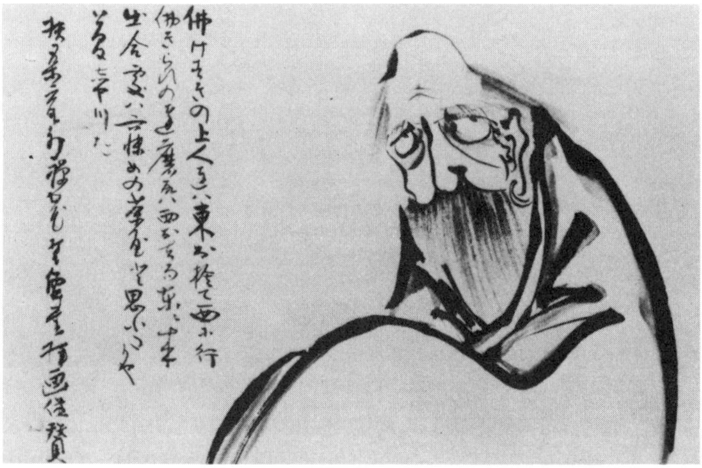

1. Kapitel

Warum kam Bodhidharma in den Westen?

„Warum kam Bodhidharma aus dem Westen?“ oder „Was bedeutet es, daß Bodhidharma aus dem Westen kam?“ ist ein sehr bekanntes Koan. Es heißt, daß Bodhidharma aus Indien gekommen sei, Gebirge und Ozeane überquert und unzählige Gefahren bestanden habe, um das Licht des Buddha-Dharma[1] nach China zu bringen. Doch in China gab es Buddhismus bereits seit dem 2. Jahrhundert n. Chr. Was war dann das Neue in dem, was Bodhiharma brachte? Gab es da ein Geheimnis über und jenseits des gewöhnlichen Buddhismus? Das ist der springende Punkt im Fall Nr. 1 des Hekigan Roku[2], in dem Bodhidharma den Kaiser von China trifft. Auf die Fragen des Kaisers nach dem Verdienst durch gute Werke, nach der ersten Wahrheit des Buddhismus, und danach, wer er wirklich ist, präsentiert Bodhidharma als einzige Antwort Leere und wischt alle Verdienste, Wahrheiten und Namen weg. Nicht einmal ein Schimmer einer Wolke sei am ganzen Himmel. Unermeßliche Leere, keine Heiligkeit. Dem Kaiser gelingt es nicht, den Geist des Bodhidharma zu begreifen. Der Heilige verläßt die Hauptstadt, geht in das Land Wei und sitzt neun Jahre am Shaolin mit dem Gesicht zur Wand, bevor er seinen

---

[1] Buddha: wörtl. der Erwachte, kein Name, sondern ein Titel; Dharma: 1. kosmisches Gesetz, 2. Lehre des Buddha, 3. Ethische Regeln

[2] Hekiganroku (chin: Pi-yen-lu), „Niederschrift von der blaugrünen Felswand“, Koan-Sammlung. Neben dem Mumonkan (chin.Wu-men-kuan), „Die torlose Schranke“, die wichtigste Koan-Sammlung der Zen-Literatur. Beide entstanden in der ersten Hälfte des 12. Jahrhunderts in China.

ersten Schüler Eka[3] bekommt. Der 28. Patriarch aus Indien hat den ersten Patriarchen[4] in China von Angesicht zu Angesicht getroffen, und die Übertragung hat stattgefunden.

Das ist eine idealisierte Legende, und die Geschichte war viel chaotischer, vieldeutiger und turbulenter. In Indien selbst ist der Buddhismus aus dem Umfeld und im Dialog und Konflikt mit dem vedantischen Brahmanismus, dem Jainismus und einer Unzahl anderer Sekten und Bewegungen entstanden. Auch die neu aufkeimenden sozialen und städtischen Bewegungen und der Niedergang des dörflichen und ländlichen Establishments waren Nährboden des neuen Buddhismus. Vielleicht war es dem Buddha gar nicht bewußt, eine neue Religion oder Sekte zu gründen. Er hatte nach Befreiung und Erleuchtung gesucht, und in seinem Mitgefühl hatte er sich den Rest seines Lebens bemüht, den Menschen zu helfen, vom Leiden, duhkha, frei zu werden. Jedoch organisierte er seine Mönche in einem cönobitischen[5] Orden, was neu war in Indien, und seine Mönche und Schüler trugen das Licht des Buddha-Dharma nach Süden, Norden und Osten. Der Buddhismus wurde eine große missionarische religiöse Bewegung und strahlte in viele Zweige und Schulen aus.

„Bodhidharma kam nicht aus dem Westen“

Als die Chán-Bewegung im China des 6. Jahrhundert entstand, verstand sie sich nicht als eine neue Schule oder Bewegung. Vielleicht wurde sich Chán erst im 8. Jahrhundert, in

[3] Mumonkan Nr. 41

[4] Patriarch: im chinesischen Buddhismus der Begründer einer Schule und seine Nachfolger

[5] cönobitische Mönche leben nach einer gemeinsamen Regel, im Unterschied zu Einsiedlern

der Táng Periode, seiner Identität als ein radikaler Abschied vom etablierten Buddhismus gewahr. Chán entstand als Antwort auf die sozialpolitischen und religiösen Bedingungen der Zeit und aus der Suche nach dem authentischen Buddha-Dharma. Es mußte sich dann auf die Suche nach einer Geschichte, einem Beweggrund und einer Identität machen. Die zentrale Rechtfertigung, Begründung und Identität des Chán wurde in der Abstammungsreihe der Patriarchen entdeckt und *erfunden.* Mahakasyapa, der die Übertragung des Buddha am Geiergipfel erhielt, ist der erste Patriarch in Indien, und Bodhidharma ist der 28. Patriarch. In China wurde Bodhidharma der erste Patriarch, und es gibt noch fünf weitere in China, mit Eno (chinesisch: Huineng) als dem sechsten. Jede Schule des Zen und jeder Meister weist seine Authentizität und Legitimität entlang dieser „Blutlinie" nach, die in der Sukzession vom Buddha zu den Patriarchen und von Lehrer zu Schüler verläuft. Bernard Faure, ein radikaler Kritiker des Zen, stellt das so dar:

„Chán ist nicht in erster Linie eine konkrete soziale Realität, sondern eine komplexe, erkenntnistheoretisch reiche und schwer feststellbare Realität, die niemals als eine gegebene äußere Repräsentation existierte, sondern immer erst dadurch hergestellt wurde, daß Leute, die sich selbst als Mitglieder der Tradition sahen, über Klassifikationen entschieden. Man mag natürlich mit einigem Grund einwenden, daß Chán von Anfang an eine Schule des Buddhismus war, d.h. eine wahrscheinlich wohldefinierte soziale Gruppe. In der tatsächlichen Praxis jedoch beruhte die Aufnahme als Mitglied der Schule immer auf kollektiven und individuellen Vorstellungen, auf einer umfassenden Wahrnehmung eines ständig sich ändernden religiösen Feldes. Sich selbst als Adept des Chán zu (re-)präsentieren, war eine performative Wahl, eine strategischer Schritt, der dazu beitrug, die traditionellen Klassifizierungen entweder in Frage zu stellen oder zu bestätigen." (1)

Die Konkretisierung der Sehnsucht nach Erleuchtung war nicht die einzige treibende Kraft des Chán-Buddhismus. Magie und Geheimnisse, das Charisma von Individuen und das Interesse von Gruppen, politische Patronage genauso wie zufällige Veränderungen trugen dazu bei, den Chán-Buddhismus herzustellen. Und er war nicht ein für allemal etabliert. Es gab Bewegungen und Schwankungen, Unterbrechungen und Neuformulierungen von Ideen, Kräften und Strukturen. Daher gibt es im Chán viele verschiedene, einander entgegengesetzte und widersprechende Stimmen, Ansichten und Praktiken: plötzliche Erleuchtung – stufenweise Erleuchtung, einzelgängerisch – gemeinschaftlich, auf den Sutras basierend – keine Sutras, gebunden an die Gebote – gegen alle Gebote, ausgerichtet auf ein Zentrum – dezentral und unterschieden, exklusiv – inklusiv, und so weiter. Die sogenannten fünf Schulen des Chán in China (Igyo, Ummon, Rinzai, Hogen und Soto) zeigen die Unterschiede in der Lehre und in den Methoden. Um die Meister des japanischen Zen zu nehmen: Dogen, Hakuin, Bankei und Ikkyu sind nahezu Welten von einander entfernt, obwohl jeder von ihnen beansprucht, das wahre Zen zu lehren. Das zeigt, daß Zen nicht ein einfaches Entweder – Oder ist. Die vielfältigen Stimmen, jene auf der Hauptbühne und jene an den Rändern, sollten gewahrt und geschützt bleiben. Abgesehen davon ist Zen, wie schon oben bemerkt, keine Insel, die von anderen Bewegungen, Sekten und Religionen abgeschnitten ist. Zen ist eine Bewegung im Dialog mit anderen Bewegungen und, wie Faure zeigt, die Texte und Schriften des Zen sind eine Antwort auf andere Texte oder Stimmen und tragen in sich selbst Subtexte, die gerade durch ihr Fehlen verborgen oder präsent sind.

Als Zen im 12. Jahrhundert nach Japan kam, wurde es zuerst von den Aristokraten und der Kriegerklasse übernommen. Zen wurde als überlegene Kultur und Religion angesehen, die Macht und Status brachte. Rinzai-Zen ist meist eine elitäre Angelegenheit geblieben. Soto-Zen blühte zwar durch die Gunst der Herrschenden, doch verbreitete es sich in der ländlichen Klasse und befriedigte die Bestrebungen und Bedürfnisse der gewöhnlichen Leute. Beide, Rinzai und Soto, waren auf Tempel zentriert, und die Ordination auf die Gebote (Jukai)[6] wurde für die Übertragung[7] wesentlich. Die Übertragung – die Weitergabe des Siegels der Erleuchtung von Meister zu Schüler – vermischte sich mit der Weitergabe von importierter chinesischer Kultur. Chinesische Sprache, Kleidung, Etikette und Manieren, Tempelanlagen, monastische Regeln und Gebräuche sind nun Teil des Geschäfts. Wie wird die Weitergabe des Zen im Westen mit seiner anderen Kultur, Tradition, Weltsicht und Religion stattfinden? Der Westen erwachte zum Buddhismus erst im 19. Jahrhundert und zu Zen erst im 20. Jahrhundert. Erst war es Rinzai-Zen, dann Soto-Zen und später koreanisches Zen. Chinesisches Chán, japanisches Zen und koreanischer Son sind die drei großen Zen-Schulen, die im Westen präsent sind. (Ich gehöre zur japanischen Linie, und daher werde ich mich mit dem japanischen Zen befassen.) Aber in allen Schulen gibt es verschiedene Zweige, und jeder Zweig hat seine verschiedenen Lehrer und Stile. Zen ist gekommen, um im Westen zu bleiben,

[6] jukai: Zeremonie der Übergabe der Gebote durch den Lehrer und ihre Annahme durch den Schüler. Offizielles Bekenntnis zum Buddhismus, Verpflichtung, sich den Drei Kostbarkeiten (Buddha, Dharma, Sangha) hinzugeben.

[7] Man kann statt Übertragung des Dharma auch Transmission, Weitergabe oder Sukzession sagen. Alle diese Ausdrücke werden in der Folge verwendet.

aber es entstehen Fragen um Authentizität und Legitimität. Auf der einen Seite versuchen die westlichen Lehrer und Studenten die japanischen Rituale zu imitieren, die Roben, die Manierismen und Gebräuche – kahlgeschorene Köpfe, schwarze Roben, Schalen und Eßstäbchen, entstellte sino-japanische Namen, usw. Auf der anderen Seite haben westliche Werte und Standards bewußt oder unbewußt die westlichen Zen-Institutionen verändert. Gleichheit von Männern und Frauen, Freiheit und Demokratie, Betonung der therapeutischen und ökologischen Werte vor Religion und religiösen Verbindungen, Einbeziehung der Laien und ein Buddhismus, der sich in den Problemen der Welt engagiert, das sind einige der westlichen Werte. Buddhismus im Westen ist als Religion oder Bewegung eine Minorität, und so können Buddhisten entweder defensiv und reaktionär werden oder in einen Dialog und in Interaktion mit dem Christentum und der westlichen Kultur treten.

Erleuchtung und die Kriterien der Erleuchtung

Kannst du mir deine Erleuchtung zeigen?

Erleuchtung oder Realisierung[8] ist das Herz des Zen und der Weitergabe des Zen. Erwachen findet statt in und durch Formen, und doch ist es jenseits von Formen, Farben und Tönen. Rinzai-Zen benutzt Koans, um die Erleuchtung von jemandem zu testen, Soto benutzt als Realisierung und Beglaubi-

---

[8] Realisierung: engl. to realize bedeutet sowohl vestehen als auch verwirklichen. Realisierung ist „leibhaftes Verstehen“ (K. Nishitani)

[9] samadhi: Sammlung des Geistes

gung das selbst-erfüllende samadhi[9] der Meditation im Sitzen, jijuyu zammai. Aber in Wirklichkeit gibt es keine unfehlbaren Urteilskriterien, und es gibt kein unabhängiges Kriterium der Authentizität. Der Religionswissenschaftler Kenneth Kraft kommentiert das Problem der Verifikation der Erleuchtung:

„... in einer Anzahl von Fällen scheint Erleuchtung allein nicht authentisches Zen zu bestimmen und zu garantieren. Man findet zum Beispiel, daß Mönche, deren Erleuchtung bestätigt ist, auf einer anderen Basis als ungenügend oder sogar heterodox beurteilt werden. Zusätzliche Faktoren verhindern, daß Erleuchtung als unabhängiges Kriterium der Authentizität fungiert: Erleuchtung wird verschiedenartig erfahren. Es ist schwierig, sie zu demonstrieren, und sie kann sich im Laufe der Zeit vertiefen oder verschwinden. Meister geben zu, daß man sogar eine Erleuchtungserfahrung haben kann und sie nicht als solche erkennt ... die Zen-Überlieferung ist voll von Vorfällen, wo Mönche, die der Authentizität ihrer Erleuchtung absolut sicher waren, von einem Lehrer scharf zurückgewiesen wurden. Die Meister fordern einander auch regelmäßig heraus. Eisai beschuldigte Nonin der falschen Erleuchtung, und Dogen brachte ähnliche Anklagen gegen Ta-Hui vor: Dogen wies sogar Ta-Hui's bekrönende Erleuchtung ab, die von einem ausgezeichneten Meister sanktioniert worden war ... zum Schluß werden alle Begriffe von ‚Erleuchtung' problematisch." (2)

Legitimität und Authentizität

In Japan ist Zen eine Institution der japanischen Gesellschaft, und die Weitergabe ist eine Funktion und ein Prozeß in dieser Gesellschaft. Die institutionellen Strukturen und Sicherheitsvorkehrungen geben der Weitergabe Legitimität, aber die Authentizität ist ein Punkt, über den im japanischen Zen geschwiegen wird. Wenn die Weitergabe an den Westen stattfindet, dann sind Authentizität und Legitimität die zwei Hauptfragen im Zen. Authentizität betrifft die Frage, ob die Münze, die man besitzt, echt und gültig ist. Ich benutze den Ausdruck „Authentizität", wenn es um die Tiefe[10] und Fülle von Erleuchtung – Realisierung geht. Bei der Frage nach der Legitimität geht es darum, ob man die Münze auf legale Weise bekommen hat oder nicht. Authentizität und Legitimität sind nicht wechselseitig austauschbar, und die Präsenz des einen garantiert nicht die Präsenz des anderen. Was ist mit der Legitimität? Worin besteht Legitimität? Wenn jemand einen japanischen Namen annimmt, alle die korrekten Zen-Handlungen und Rituale ausführt, Koans lehrt und das Siegel der Übertragung gibt, ist das legitimes Zen? Legitimität im Zen bedeutet, daß jemandem von seinem Lehrer die angemessene Autorisierung zu lehren gegeben worden ist, und daß diese Linie der Autorisierung zurückverfolgt werden kann bis zu einer gut bekannten oder anerkannten Linie von Lehrern in der Zen-Tradition. Diesen Abstieg vom Lehrer zum Schüler entlang einer Linie kann man vertikale Legitimität nennen. Es gibt auch eine horizontale Legitimität, in der eine Gesellschaft oder eine Gruppe von Schülern den Meister akzeptiert. Philip Kapleau zum Beispiel hatte keine legitimierte Transmission von Yasutani Roshi, seinem Meister, aber er ist von seinen Studenten im Westen als Zen-Meister akzeptiert worden. In der Zen-Tradition hat es viele Linien und viele Diskontinuitäten gegeben.

„Obwohl wir aus Gründen der Bequemlichkeit ständig von einer frühen Chán-Schule sprechen, ist überhaupt nicht bestätigt, daß es so etwas wirklich gab. Wir finden Beweise für wiederholte Versuche, eine Chán-Tradition zu schaffen, gewöhnlich auf Kosten der ‚historischen Wahrheit', was immer dies sein mag. So ist das Auftreten der

[10] Siehe auch das Kapitel „Zen: eindimensional, zwei, drei…"

Chán-Schule das Ergebnis wiederholter Abwendungen vom doktrinären und institutionellen Rahmen des traditionellen Buddhismus: Obwohl die Chán-Tradition nach größeren kulturellen Brüchen (frühe Tang, Sung, Kamakura, Meiji) wiederbestätigt wurde, hat sie keine wirkliche Kontinuität, oder mindestens fehlt ihr diese Art von Kontinuität, die sie zu haben behauptet.“ (3)

Die fünf Merkmale der Weitergabe

Man sagt, daß Zen eine Weitergabe von Herz-Geist zu Herz-Geist ist, eine eigene Überlieferung außerhalb der Lehren, die nicht auf Worten und Buchstaben beruht. Aber traditionellerweise ist die Weitergabe im Rahmen der fünf Merkmale erfolgt, die Kenneth Kraft aufzählt: Zazen, die Embleme der Dharma-Transmission, die monastische Regel, die Konstruktion des Klosters, und der Rückzug von der Welt. Zazen und Koan[11] sind in der Praxis des Zen zentral und haben die wichtigste Position in der authentischen Weitergabe. Die Embleme der Weitergabe variierten: Es konnten die Robe und Schale des Meisters sein, sein Portrait, ein Gedicht, ein geschriebenes Zertifikat, oder Shari (Reliquien des toten Meisters)[12]. Für Dogen wurde das Dokument der Nachfolge am wichtigsten. Und es gibt das Argument, „*daß der verläßlichste Hinweis auf einen ‚Zen-Meister‘ im Sung-Buddhismus, wenigstens vom institutionellen Standpunkt aus, nicht sein Anhängen an einer bestimmten Lehre oder Praxis war, sondern sein Besitz eines Chán-Erbschafts-Zertifikats.*“ (4)

---

[11] Siehe Kap. 2, Das Zazen der Buddhas und Patriarchen

[12] Z.B. wurden auch Fingernägel und Haare des Meisters im Inneren seiner Porträt-Statue aufbewahrt

Ikkyu Sojun[13] soll herausgefunden haben, daß Zertifikate der Weitergabe der Erleuchtung auf den Märkten in Kyoto verkauft wurden. Er selbst zerriß und verbrannte sein Zertifikat der Weitergabe und weigerte sich, seinen Studenten eines zu geben. Vor einigen Jahren wurde einem Schüler aus dem Westen von einem japanischen Zen-Meister ein Zertifikat der Transmission übergeben, und einige der engsten Schüler des Meisters klagten, daß der Schüler den Meister mit Geld und anderen Gefälligkeiten manipuliert habe. Im Soto findet die Weitergabe eher häufiger vom Vater zum Sohn statt. Wie man sieht, kann die Weitergabe vollständig legitim sein, aber es können viele Faktoren und Überlegungen neben Erleuchtung/Realisierung dazu kommen. Trotz alledem ist die persönliche Verifikation von Angesicht zu Angesicht, die Bestätigung und Autorisierung für die Weitergabe des Zen zentral. Dogen sagt:

„Genauso, wie Shakyamuni in das Herz des Mahakasyapa sah, schaute Mahakasyapa in das Herz des Ananda. Ananda warf sich vor dem Buddha-Gesicht des Ananda nieder. Dies ist eine wahre direkte Übertragung, von Angesicht zu Angesicht. Ananda bewahrte sie und übergab sie dann dem Shanavasa. Shanavasa warf sich vor Ananda nieder – und dies ist wahrlich direkte Übertragung von Angesicht zu Angesicht. Daher haben die authentischen Patriarchen einer jeden Generation die Übertragung von Angesicht zu Angesicht fortgeführt, der Schüler blickt den Lehrer an, der Lehrer den Schüler. Sogar ein Patriarch, Meister oder Schüler kann nicht Buddha werden, wenn er die Übertragung nicht direkt, von Angesicht zu Angesicht, erhält. Zum Beispiel fließt Wasser aus vielen verschiedenen Orten, um einen Fluß zu bilden; in gleicher Weise fließen die vielen Verzweigungen des Buddhismus zum Gesetz hin. Es gibt ein ununterbrochenes Erbe, das die Lampen der Übertragung ewig leuchten läßt, aber die

---

[13] Ikkyu Sojun, jap. Zen-Meister, 1394 – 1481

Übertragung unterscheidet sich nur in der Form, nicht in der Essenz. Die richtige Zeit der Übertragung zu kennen, kann man mit dem wechselseitigen Picken von Henne und Küken auf die Eischale zur genau richtigen Zeit vergleichen." (5)

Regeln und Autorität

Die Anlage der Klöster in Japan beruht auf Modellen aus dem China der Tang- und Sung-Zeit, die für die Weitergabe des Zen als wichtig angesehen wurde. Im Westen hat das keine solche Bedeutung. Die monastischen Regeln, welche Vorschriften, Gebote und Verhalten betrafen, hatten einen wesentlichen Platz im Leben des Mönchs und in der Weitergabe, da diese auf Mönche beschränkt war. Die Ordination auf die Gebote (jukai) oder das Annehmen der Gebote wurde selbst als Erleuchtung/Realisierung angesehen. Der Westen kann und will nicht einfach sino-japanische Vorschriften, Regeln und kulturelles Gepäck akzeptieren. Gleichheit, Würde und Freiheit jeder einzelnen Person und eine gewisse Offenheit und Fairness wird den westlichen Buddhismus prägen. Besonders bemerkenswert ist die Bejahung der Gleichheit von Männern und Frauen und die Umwandlung der androzentrischen Macho-Institutionen und -standards des japanischen Zen durch öko-feministische Wahrnehmungen und Werte. In Japan war die Transmission nur auf Mönche beschränkt, und es hat keine einzige Matriarchin oder einen Laien in irgendeiner der traditionellen Zen-Linie gegeben. Dieser Zustand wird sich in absehbarer Zukunft nicht ändern. Im Westen hat sich das bereits verändert. Jedoch sind gewisse ethische Codes und Standards im westlichen Sangha[14] nötig,

---

[14] Sangha: Buddhistische Gemeinde

wie der Mißbrauch von Sex, Geld und Macht zwischen Meister und Schüler im Übermaß gezeigt hat. Jedoch ist da eine Gefahr, daß Gleichheit und Freiheit zur Ideologie werden. Es muß im Sangha verschiedene Rollen und Funktionen geben. Es gibt einen Platz für Autorität. Autorität ist tatsächlich da, um zu dienen, und der Sangha hat die Autorität des Lehrers zu unterstützen, ohne daß der Lehrer oder jemand anderer autoritär wird. Bereitschaft zu lernen, Unterwerfung unter die Autorität des Lehrers und Kooperation mit den anderen sind die Requisiten, um ein Schüler und Jünger zu sein. Der Meister muß die Freiheit und Autorität zu lehren haben, aber er oder sie steht nicht über Ethik und Moral.

Der Sangha muß der endgültige Ort der Autorität sein, und der Sangha muß jeden – den Meister mit eingeschlossen – zur Verantwortung rufen, besonders im Bereich von öffentlicher Moral, sozialen Beziehungen und Verhalten. Die Beziehung zwischen dem Sangha als Ganzem und dem Meister ist eine delikate Angelegenheit, und beide müssen lernen, miteinander zu arbeiten, ohne daß einer über dem anderen thront. Regeln müssen gebildet und periodisch neu gebildet werden, um Lernen und Dienen zu fördern und nicht an autoritärer Macht festzuhalten.

Die Welt verlassen, nicht das Heim

Dies bringt uns zum fünften Merkmal der Weitergabe, zu **shukke** oder dem Rückzug aus der Welt. Die kösterliche Gemeinschaft zölibatärer Mönche wird in Japan als der Hauptträger der Weitergabe angesehen, und der Meister, der Transmission geben kann, ist das Monopol des Sangha der Mönche gewesen. Wir haben uns zuvor kurz mit dem Problem des Androzentrismus beschäftigt. Wie steht es um den

Platz eines Mönches oder einer Nonne im Sangha? Ein Mönch ist per definitionem zölibatär, aber in Japan hat man die historische Merkwürdigkeit verheirateter Mönche akzeptiert. Trotzdem wird der verheiratete Mönch als einer gesehen, der vom Wirrwarr des Lebens in der Welt abgesondert ist, aber er ist mit der Verwaltung des Tempels beschäftigt, mit Begräbnissen und anderen Tempelritualen. In der Theorie werten Zen und der Buddhismus jede Lebensform gleich, aber in der Praxis werden die Laien, die Frauen und das Leben in der Welt abgewertet und verunglimpft. Eine der Errungenschaften der westlichen Welt ist, wie der Philosoph Charles Taylor gezeigt hat, sowohl die Bejahung der Vortrefflichkeit des gewöhnlichen Lebens als auch die Akzeptanz des autonomen Individuums als Quelle der Moralität. Mein eigener Meister, Yamada Koun, war ein Laie, und er begann zu lehren, als er in den Sechzigern war, seine Kinder erwachsen waren und das Haus verlassen hatten. Verheiratet zu sein und einen Beruf in der Welt zu haben, bringt Probleme, aber ebenso auch Vorteile mit sich. Intensives Training fordert Perioden des Sich-Zurückziehens und der Abgeschlossenheit. Das Leben eines Lehrers mag die Verpflichtungen gegenüber Familie und Arbeit in der Welt behindern. Im Verlangen, das Eheleben oder Laienleben gegen seine traditionelle Abwertung aufzuwerten, laufen Leute oft Gefahr, die harschen Anforderungen des Dharma zu domestizieren oder die Notwendigkeiten des Dienstes am Dharma und an den Menschen abzumildern. Das monastische Leben hat seinen Platz. Leben in der Welt, verheiratet oder allein, und ein monastisches Leben des Verzichts und des Zölibats sind die zwei Pole des Sangha. Die Anforderungen und Notwendigkeiten von Lehre und Dienst und der Weiterführung der Tradition scheinen besser durch den monastischen Sangha gefördert zu werden. Aber es wird der ganze Sangha sein, der Träger der Tradition sein wird, und jeder im Sangha, Laie oder Mönch, Mann oder Frau, kann Lehrer werden, Patriarch oder Matriarchin.

Die zentrale Rolle des Sangha

Wie zentral der Sangha als ganzes in der Tradition und Weitergabe ist, wurde noch nicht klar genug gesehen. Wenn ich Sangha benütze, dann meine ich die Gemeinschaft der Bodhisattvas[15], die Gemeinschaft all jener, die dem WEG folgen. In einem konfessionellen, engen Sinn wurde das auf ordinierte Mönche und Nonnen beschränkt, und im weiteren Sinn umfaßt es das ganze Universum (6). Weitergabe geschieht im Sangha, durch den Sangha, an den Sangha. Der Sangha ist sowohl der Nährboden der Weitergabe als auch ihre Verifikation, Authentisierung und Aktualisierung. Nur wenn sich ein Sangha von Bodhisattvas gebildet hat, können wir sagen, daß die Weitergabe wahrhaftig und völlig stattgefunden hat. Ein Meister mit einzelnen Schülern, auch wenn sie viele sein mögen, ist noch kein Sangha, und die Übertragung vom Meister an den Schüler außerhalb des Kontexts des Sangha ist keine komplette Weitergabe. Der Meister ist zuerst und vor allem ein Schüler unter Schülern. Er oder sie ist der Führer und Anführer des Sangha und gleichzeitig ein Mitglied des Sangha. Schüler und Meister sind jedoch die zwei Pole einer archetypischen Beziehung. Diese Beziehung trägt als Sangha Frucht, und der Sangha vervollständigt die Beziehung und bringt auch den Meister und den Schüler hervor. Der Sangha ist eine Gemeinschaft von freien Individuen, die um das

---

[15] Bodhisattva: „Erleuchtungswesen“: übt die Tugend-Vollkommenheiten oder Paramitas (Gebefreudigkeit, Sittlichkeit, Geduld, Energie, Meditation, Weisheit), um Buddhaschaft zu erlangen, verzichtet aufs Eingehen ins vollständige Nirvana, bis alle Wesen erlöst sind.

Buddha-Dharma versammelt sind. Es ist eine Gemeinschaft der Bedeutung und geteilten Interpretation. Sie entsteht durch Kommunikation und Dialog, durch Symbol, Mythos, Erzählung und Ritual. Autorität, Allein-sein, Brüderlichkeit und Ritual sind die emotionalen Beziehungen, die nach Meinung einiger die Grundlage der modernen Gesellschaft sind. Ich möchte auf zwei wesentliche Dimensionen des Sangha hinweisen: auf zwischenmenschliche Beziehungen und auf ein Gefühl für Zweck und Bestimmung. Rita Gross entwickelt die interpersonale Dimension auf eine feine Art:

„... *Beziehung und Gemeinschaft sind viel zentraler im Buddhismus und viel entscheidender, um das Ziel des Buddhismus, die Befreiung vom Leiden zu erreichen, als gewöhnlich von Buddhisten und Nicht-Buddhisten wahrgenommen wird. Es sollte jetzt klar sein, daß wechselseitige Bedingtheit und Bezüglichkeit die Wirklichkeit unseres Leben sind, und daß die individuelle Autonomie eine Fiktion ist, einer der Tricks des Ego. Mein Vorschlag für eine Neufassung des Begriffs ist einfach, die tiefe und provokative Kategorie ‚Sangha' mit den feministischen Werten von Gemeinschaft, Ernährung und Freundschaft zu füllen. Wenn man diese Werte betont, dann erkennt man, wie entscheidend sie als Nährboden und Gefäß der Nachahmung des Buddha und für das meditative und philosophische Streben nach dem Dharma sind – und das immer gewesen sind.*" (7)

Alleinsein und Gemeinschaft, beide sind essentiell; man sollte das eine nicht dem anderen opfern. Einer, der weiß, wie er mit sich allein sein kann, kann wahrhaft nicht-allein sein mit anderen. Und wenn einer nicht-allein mit anderen sein kann, kann er wahrhaft allein mit sich selbst sein.

Die Form und die Macht der Weitergabe

Ti-Sarana

Ich möchte „Transmission", Weitergabe, zusammenfassend formulieren, zunächst orientiert an Ti-Sarana und danach an den Vier Großen Gelübden[16], die alle Anhänger des Zen rezitieren.

Ti-Sarana ist die dreifache Zufluchtnahme: „Ich nehme Zuflucht zum Buddha – **Buddham saranam gacchami;** ich nehme Zuflucht zum Dharma – **Dhammam saranam gacchami;** ich nehme Zuflucht zum Sangha – **Sangham saranam gacchami.**" Das ist die Pali-Fassung: Buddha, Dhammam und Sangham sind Dativ; gacchami heißt: „Ich komme"; Sarana(m) ist Zuflucht, Aufenthalt, Schutz. Daher bedeutet es eigentlich: Ich komme wegen des Schutzes zu Buddha, Dharma und Sangha.

Die Drei Juwelen (*Tri-Ratna* auf Sanskrit, *Sambo* auf Japanisch) von Buddha, Dharma und Sangha sind Körper und Form der Weitergabe. Die Vier großen Gelübde, die der Ausdruck des ursprünglichen Gelübdes des Buddha sind, alle Wesen zu retten, repräsentieren die innere Dynamik und die Bedeutung der Weitergabe. Erwachen, Realisierung und Weitergabe sind *eine* Bewegung innerhalb der Drei Juwelen, in dem Gelübde und dem Akt des Mitfühlens.

In der Zen-Linie von Harada und Yasutani[17] werden die Drei Juwelen zusammen mit den Geboten am Ende des Koan-

---

[16] Vier Große Gelübde: „Bodhisattva-Gelübde" vgl. S. 172

[17] Daiun Sogaku Harada (1870-1961) und sein Nachfolger Hakuun Ryoko Yasutani (1885-1973), beide bedeutende Zen-Meister des modernen Japan, stehen am Anfang der Laien-Zen-Gemeinschaft Sambokyodan

Trainings durchgenommen. Sambo, die Drei Juwelen, werden auf drei Ebenen gesehen:

- **Ittai Sambo**, die Drei als Eines, der absolute Körper. Das ist die absolute Ebene.
- **Genzen Sambo**, die Drei als historisch manifeste Realität. Und
- **Juji Sambo**, die Drei als in der Praxis bewahrheitete und durchgehaltene Realität.

Um Dogen zu zitieren: *„...die Verehrung des Buddha, des Dharma und der Gemeinde ist die richtige Überlieferung der Buddhas und Patriarchen in Indien und China. Ohne Zufluchtnahme gibt es keine Verehrung, ohne Verehrung kann keine Zufluchtnahme sein. Das Verdienst dieser Zufluchtnahme zu Buddha, Dharma, Sangha tritt notwendig in Erscheinung, wenn spirituelle Kommunikation mit dem Buddha da ist...“* (8)

Buddha ist der Erwachte. Es ist das Formlose Selbst, die Leerheit, unser ursprüngliches Gesicht, bevor unsere Eltern geboren wurden. Shibayama Roshi schreibt: *„Es ist die ‚absolute Subjektivität‘, die beides, sowohl Subjektivität als auch Objektivität, transzendiert und sie frei gebraucht. Es ist ‚fundamentale Subjektivität‘, die niemals objektiviert oder auf Begriffe gebracht werden kann und in sich selbst vollständig ist, mit der vollen Bedeutung der Existenz in sich selbst. Sie mit solchen Namen zu belegen, ist bereits ein Fehler... Daher bemerkte Meister Eisai: ‚Es ist für immer unnennbar‘... (Ich würde annehmen, daß das ‚Ich‘ in ‚Ehe Abraham ward, bin ich‘*[18]*, sich auch auf die immer unnennbare Wirklichkeit bezieht.)“*

Shibayama Roshi geht dann weiter und zitiert Meister Gudos schönes Gedicht, das den Titel trägt: „Ursprüngliches Gesicht“.

---

[18] Joh.8, 58

„Dies ist der Jüngling von natürlicher Schönheit.
Wenn du kein Lächeln von Herz-zu-Herz mit ihm
tauschen konntest,
Dann muß dein Herz bluten.
Die Schönheit Seishis verliert ihren Glanz.
Die Anmut Yokis ist in den Schatten getreten.“ (9)

Buddha, Dharma und Sangha

Komm heim zu deinem Wahren Selbst. Du bist bereits daheim. Ti-Sarana ist beides, eine Feststellung und ein Aufruf. Buddha ist dein erwachtes Selbst. Es ist transhistorisch und gleichzeitig die gesamte Existenz. Man sollte das nicht für ein Wegerklären des historischen Buddha halten. Die Manifestation des historischen Buddha ist der Dreh- und Angelpunkt. Der Buddha manifestiert sich heute in den Patriarchen, Matriarchinnen und Lehrern. Sie alle rufen dich, zu deinem eigenen Selbst hier und jetzt heimzukommen.

„In Dogens Denken“, schreibt Hee-Jin Kim, *„werden der historische Buddha und der transzendente Buddha im aktiven Buddha wie in einem Brennpunkt vereinigt, und dieser letztere wird wiederum mit der historischen Existenz der Menschheit identifiziert, einer Existenz in absoluter Freiheit, in der Aktivität und Buddhaschaft unbefleckt sind... Dogen stellt die grundlegende Bedeutung des historischen Buddha wieder her und liefert seine existentielle und religiöse Bedeutung für jene, die Nur-Sitzen im Samadhi der selbst-erfüllenden Aktivität (jijiyu-zammai) üben.“* (10)

Dharma ist die Lehre des Buddha und der Sutras. Dharma ist auch das universale Gesetz von *pratityasamutpada,* der wechselseitigen Abhängigkeit und des wechselseitigen Einander-Innewohnens von einem und allem. Und Dharma bedeutet auch: die Vorschriften und die Gebote. Es bezieht sich außerdem auf alle Phänomene als Ausdruck des universalen Gesetzes. Sonne und Mond, Berge und Flüsse, Steine und Kiesel, Vögel, Flöhe und Schmutz predigen den Dharma, und sie sind Dharmas. Vom Buddha wird berichtet, daß er zu Vakkali, einem alten kranken Mönch gesagt hat: „Der, der den Dharma sieht, sieht mich, Vakkali; und der mich sieht, Vakkali, sieht den Dharma." Buddha verkörpert Dharma in seinem Leben. Der Zen-Meister genauso wie der Schüler manifestieren den Dharma. In den buddhistischen Schriften wird der Dharma mit dem Wort „anmutig" kalyana assoziiert; der Dharma ist „anmutig am Beginn, anmutig in der Mitte, anmutig am Ende". Bei einer Gelegenheit hat der Buddha, so wird berichtet, zu Ananda gesagt, daß das ganze heilige Leben, das er lehrt, „aus Freundschaft besteht, aus Verbindung, aus Intimität, mit dem, was anmutig ist." Das ursprüngliche Ereignis der Befreiung ist möglich wegen *„meiner Freundschaft mit dem, was anmutig ist."* (11)

Ich würde den Dharma als Wahrheit und Rechtschaffenheit auffassen. Wahrheit, wie sie vom Buddha und den Patriarchen/Matriarchinnen realisiert und gelebt wird, erleuchtet den Weg für uns. In einem tiefen Sinn ist der Dharma die Kraft der Rechtschaffenheit in der Welt. Befreiung und Erlösung werden realisiert, wenn man von dem berührt, bewegt und transformiert wird, was gut ist, was wahr ist und was „anmutig" ist. Realisierung und Weitergabe im Sinne des Dharma sind: Wahrheit, Schönheit und Rechtschaffenheit, gelebt und erfahren durch die Symbole und Erzählungen des Zen.

Sanghas von Bodhisattvas

Buddha und Dharma kommen zum Sangha, und der Sangha entspringt aus Buddha und Dharma.

„Die Drei Juwelen bedingen einander vollständig. Ohne den Sangha gibt es keinen Buddha und keinen Dharma." (12) Sangha, das ist der Tathagatagharbha, der Schoß des Tathagatha.[19] Der Sangha nährt den Bodhi-Geist[20] des Erwachens und des Mitgefühls. Der Sangha ist die Gemeinschaft der Bodhisattvas, und Bodhisattva ist jemand, der Bodhicitta erweckt hat. Bodhisattva (bodhi = Erleuchtung und sattva = Wesen) bedeutet ein Wesen, das erleuchtet ist, ein Wesen, das auf dem Pfad der Erleuchtung ist und die Wesen erleuchtet.

Was sind die innere Kraft und der Grund der Übertragung? Warum kommt Bodhidharma aus dem Westen? Und nun aus dem Osten in den Westen? Das innere Herz und der innere Grund ist **Bodhicitta** (jap. **bodaishin**): die Sehnsucht und das Verlangen nach Erleuchtung; der Gedanke der Erleuchtung, was notwendigerweise den Entschluß, alle fühlenden Wesen zu retten, mitumfaßt. Wenn unser Herz-Geist erwacht, um nach Befreiung und Wahrheit zu fragen – für uns selbst und für andere – dann erwacht die Buddha-Natur. Eine sino-japanische Übersetzung von Buddha-Natur bedeutet: „Derjenige, der zu sich selbst erwacht ist und anderen hilft, zu sich selbst zu erwachen, so daß sich die Aktivität des Erwachens immer weiter unendlich manifestiert."

Die Dringlichkeit und die brennende Sehnsucht, für sich selbst und die anderen Befreiung zu suchen, das ist die Essenz des Bodhisattva. Sie nimmt im Gelübde des Uranfänglichen Buddha[21] Form an und ist in Sakyamuni Buddha realisiert.

---

[19] Tathagata: Der So Gekommene, einer der zehn Titel des Buddha. Tathagatagarbha: „Keim des Tathagata", die in jedem Wesen verborgene Buddhaschaft

[20] Bodhi = Erleuchtung, citta – Geist, sankr. Bodhicitta: Geist des Erwachens

[21] Shakyamuni Buddha ist der siebte in der Reihe der Buddhas, von denen der buddhistische Kanon berichtet. Am Anfang der Laufbahn eines Buddha steht das Gelübde, Erleuchtung zu erlangen – nicht nur für sich, sondern für alle Wesen. „Uranfänglicher Buddha" meint diesen ursprünglichen Geist.

Das Gelübde und die Verpflichtung sind der Grund und die leitende Kraft der Transmission. Dieses Gelübde ist es, das in den Vier Großen Gelübden ausgedrückt wird. Es geht nicht um die Wahl einiger Handlungen oder Taten, sondern es geht um eine grundlegende Disposition unseres Seins. Und das Sein fließt über in Handlungen. Masao Abe drückt es aus als *„Leere, die sich selbst in Gelübde und Handlung entleert."* Und er fährt fort:

„Der reine und freie Wille, der im Zentrum der Leere wiederbelebt und realisiert wird, funktioniert in Form eines ‚Gelübdes', das traditionellerweise ‚pranidhana' genannt wird. Es ist das Gelübde, andere zu retten, wie unzählbar sie auch sein mögen, und ebenso sich selbst. Es ist ein Gelübde, in dem der Geist, der nach Erleuchtung sucht, in dynamischer Weise eins ist mit dem Verlangen, alle fühlenden Wesen zu retten." Die Realisierung der Leere „gibt der menschlichen Gesellschaft und Geschichte Bedeutung, Zweck und Richtung." (13)

Jedoch muß man vorsichtig sein, wenn man Ausdrücke wie Zweck, Bestimmung, Mission usw. benutzt. *„Wenn wir den Ausdruck ‚Teleologie'*[22] *benutzen, dann ist die buddhistische Sicht der Geschichte die einer offenen Teleologie, denn im Licht des Mitgefühls ist der Prozeß des Erwachens anderer als geschichtlicher Prozeß endlos. Und die vollständig realisierte Eschatologie*[23] *und die völlig offene Teleologie sind jetzt, in diesem gegenwärtigen Augenblick, dynamisch vereinigt. Dies ist die buddhistische Sicht der Geschichte, wie ich sie verstehe."* (14) Zwar ist die Formulierung von Abe unangemessen und mangelhaft, aber sie kann als Korrektiv für einige sentimentale und billige Teleologien dienen.[24]

[22] Teleologie: die philosophische Auffassung, daß jede Entwicklung in einer vollendeten Gestalt endet

[23] Eschatologie: „Lehre von den letzten Dingen" – christliche Lehre von der Vollendung der Welt in Christus

Wir müssen diese Ausdrücke – mit dieser Warnung – weiter benützen. Die Übertragung ist die Realisierung des Zwecks und der Bedeutung der Geschichte. Das Leben und die Arbeit eines jeden ist dann einzigartig mit Sinn und Zweck verwirklicht, und man hat eine Bestimmung. Ohne ein solches Gespür für Bedeutung und Sorge kann der Sangha narzistisch und in sich selbst verschlossen werden. Der Sangha ist für beides da, für sich selbst in den zwischenmenschlichen wechselseitigen Bezügen und der Freundschaft zwischen den Mitgliedern, und für die Welt im Sinne von Zweck und Dienst. Beide Aspekte kommen zusammen; sie beleben die Kommunion mit jenen, die von der eigenen Interpretation und Weltsicht abweichen und regen weltweite Gemeinschaft durch das eigene persönliche Beispiel an.

Um es zusammenzufassen: Die inneren Komponenten und der Prozeß der Übertragung finden durch die Praxis des Zazen und die Koan-Praxis statt, in der Beziehung zwischen Lehrer und Schüler, auf dem Nährboden des Sangha. Der Sangha ist sowohl Frucht und als auch Ziel der Übertragung. (Die Übertragung des Dharma kann nicht von Interaktion und Dialog mit der Welt und mit ihren Akteuren

---

[24] Anm. des Autors: Die Vergangenheit und die Zukunft völlig mit der Gegenwart zusammenfallen zulassen, ist menschlicher Erfahrung gegenüber nicht angemessen und wahrheitsgemäß, und es ist auch keine buddhistische Sicht und Erfahrung. Was Abe mit seiner Art von Teleologie meint, ist mehr oder weniger ein solches Zusammenfallen. Vergangenheit und Zukunft sind der Gegenwart immanent, und doch sind sie nicht dasselbe wie die Gegenwart. Der Weg und das Ziel, die Mittel und der Zweck sind untrennbar, aber nicht ein- und dasselbe. Die Geschichte der Individuen und die Geschichte der Welt haben ein Telos, einen Zweck und ein Ende, die beide die Gegenwart formen und von der Gegenwart geformt werden, und die auch Zukunft sind. Und doch werden sie nicht völlig von dem gegenwärtigen Hier und Jetzt ausgeschöpft. Das bedeutet, daß es Hoffnung gibt.

von gestern und heute getrennt werden. Dieser Prozeß von Dialog, Antworten und wechselseitiger Durchdringung wird eigens behandelt werden.) Das WAS der Übertragung kann nicht wirklich beschrieben werden, denn es ist ein Nicht-Etwas, Leere. Trotzdem findet die Übertragung in Form der Drei Juwelen von Buddha, Dharma und Sangha statt. Die drei sind wechselseitig voneinander abhängig und sie durchdringen einander wechselseitig; das ist ihr Kennzeichen. Zwischen ihnen gibt es einen ununterbrochenen Austausch und ein Ineinanderfließen. Tritt man in einen ein, tritt man in die anderen ein. Und weiter, Buddha, Dharma und Sangha wahrhaftig zu realisieren, bedeutet, Nicht-Buddha, Nicht-Dharma und Nicht-Sangha zu realisieren.

Das gesamte Universum ist das Auge des Tathagata, des So-Gekommenen – Gegangenen.

Das gesamte Universum ist der Körper des Tathagata. Die Übertragung zu verwirklichen, bedeutet, heimzukommen zu Buddha, Dharma und Sangha, heimzukommen zu sich selbst und zum Universum.

Bodhicitta: Das Herz der Übertragung

Die Drei Juwelen, Ti-Sarana, kommen zu Bodhicitta, dem Herz-Geist des Bodhisattva. Buddha, Dharma und Sangha wohnen in Bodhicitta und entstehen aus Bodhicitta. Bodhicitta, der Erleuchtungsgeist, ist die innere Quelle und die Dynamik der Übertragung. „Bodhi" bedeutet Erwachen, „Citta" bedeutet Herz oder Bewußtsein. Es ist der Gedanke an Erwachen, das Streben und die Sehnsucht nach dem Erwachen – für sich selbst und andere.

„So ist der ganze Prozeß, der zum Erwachen führt, die zweiundfünfzig Stufen der sogenannten Laufbahn des Bodhisattva[25]*, in dem einsetzenden Gedanken des Erwachens (bodhicitta) enthalten, dem anfänglichen Entschluß, alle fühlenden Wesen zu retten. In Sudhanas*[26] *Geschichte wird dieser Punkt durch die Tatsache illustriert, daß der junge Sudhana am Ende seiner Initiationsreise realisiert, daß die letzte Stufe bereits in der ersten enthalten war, und daß sein letzter Gesprächspartner, Manjusri*[27]*, kein anderer ist als der erste. Alle Zufälligkeiten haben sich aus dem Prozeß des Pilgers geklärt... Die Abstufungen des Pfades und die Unsicherheiten der Zukunft sind so, wie sie waren, durch den einleitenden Akt, den Gedanken des Erwachens, aufgehoben...“* (14)

Dogen schreibt: „Nur Buddhas übertragen an Buddhas“. Wir können hinzufügen, Buddhas übertragen Buddha auf Buddha. Übertragung ist das Erwachen der Bodhicitta. Es ist die Bodhi-citta, die Boddhicitta überträgt. Es ist ein Geheimnis kosmischer Resonanz. Es erinnert mich an das, was der hl. Paulus über die Schöpfung schreibt, die begierig auf das Offenbarwerden der Kinder Gottes wartet; und daß die gesamte Schöpfung in Wehen stöhnt bis jetzt und der Geist Fürsprache einlegt mit Seufzern, die zu tief für Worte sind (Röm. 8, 18-27). Lassen Sie mich mit Dogens Worten über Bodhicitta und Hee-jin Kims Kommentaren dazu schließen.

---

[25] Diese Laufbahn wird im Avatamsaka – Sutra („Girlanden-Sutra“) geschildert, einem mahayanistischen Sutra, das die wechselseitige Durchdringung aller Phänomene hervorhebt und lehrt, daß Buddha, Geist und alle Lebewesen und Dinge eins sind. Grundlage der Hua-Yen-Schule des Buddhismus; wird häufig im Zen zitiert.

[26] Die Hauptfigur des Avatamsaka-Sutras ist Sudhana, ein junger Pilger, der 53 Lehrer aufsucht, um den Weg des Bodhisattva, den Weg der Tugendvollkommenheiten, zu studieren.

[27] Manjusri ist der Bodhisattva der Weisheit, seine Attribute Schwert und Buch, die für die Weisheit stehen, die das Dunkel der Unwissenheit zerteilt.

Die Zitate sind ein bißchen lang, aber sie drücken es besser aus, als ich es sagen könnte.

„Soweit jedoch, wie der Gedanke der Erleuchtung auf Buddha-Natur und Dharma-Natur bezogen ist, vertieft sich sein Geheimnis unergründlich. Wie wir zuvor gesehen haben, tritt die Buddha-Natur nicht in Existenz oder verschwindet „in Proportion zu" oder „koextensiv mit" dem menschlichen Bewußtsein oder sogar mit aller Existenz, und das trotz der Lehre „Alles ist Buddha-Natur". Weiterhin wird uns gesagt, daß der Gedanke der Erleuchtung Raum und Zeit übersteigt, obwohl er von ihnen nicht behindert wird, und daher frei an jedem einzelnen Ort und zu jeder einzelnen Zeit erweckt wird. Aus diesem Grund ist sein Erstehen weder auf die Umgebung noch auf unsere angeborene Kraft zurückzuführen. Ein wichtiger Hinweis kann dort gefunden werden, wo Dogen die ganze Sache auf das geheimnisvolle Phänomen der ‚kosmischen Resonanz' bezieht (kanno-doko)":

„Dieser Geist (der Gedanke der Erleuchung, jap. bodaishin) existiert nicht unabhängig oder entsteht jetzt plötzlich in einem Vakuum. Er ist weder einer noch viele, weder spontan aus sich selbst heraus entstanden noch vollkommen ausgebildet. (Dieser Geist) ist nicht mein Körper und mein Körper ist nicht der Geist. Dieser Geist durchdringt nicht die ganze Welt. Weder vorher noch nachher, weder „existent" noch „nicht-existent" haben Geltung. Er stützt sich nicht auf Selbst-Natur oder Andere-Natur, auf allgemeine Natur oder grundlose Natur. Trotz alledem tritt das Entstehen des Gedankens der Erleuchtung auf, wenn die kosmische Resonanz sich selbst präsentiert. Sie wird weder von den Buddhas und Bodhisattvas geliefert noch durch die eigene Anstrengung. Weil der Gedanke der Erleuchtung durch kosmische Resonanz erweckt wird, ist er nicht natürlich."

„…Es ist hier von Bedeutung, daß Dogen das Geheimnis der kosmischen Resonanz den Buddhas und den fühlenden Wesen zuschreibt, der gesamten Existenz, deren uranfänglicher Drang

und Streben nach Erleuchtung im Einklang durch das Universum mitschwingen, das sich selbst total in diesem Gemeinschaftsunternehmen bemüht. Erziehung muß notwendigerweise dieses Geheimnis des Gedankens der Erleuchtung mitberücksichtigen, oder um es anders zu sagen, das Geheimnis des Menschen als homo religiosus; ohne dies wäre Erziehung nicht vollständig." (15)

Übertragung der Nicht-Übertragung

Lassen Sie mich noch den grundlegenden Mythos der Transmission hinzufügen. Als der Buddha eine Blume in die Höhe hielt und Kasyapa lächelte, da war dies der grundlegende Mythos der Übertragung. Als sich Eka (chin. Hui-ko) schweigend vor Bodhidharma verbeugte, war das die zweite Drehung des Rades der Überlieferung des Zen:

„Der achtundzwanzigste Patriarch sagte zu seinen Schülern: ‚Die Zeit ist gekommen, mir zu sagen, was ihr erlangt habt.' Der Schüler Dofu sagte: ‚Dies ist meine Ansicht: An Worte oder Buchstaben weder verhaftet noch nicht verhaftet sein. Nutze diese Bedingung in freier Weise.' Bodhidharma sagte: ‚Du besitzt meine Haut.' Dann sagte die Nonne Soji: ‚Dies ist mein gegenwärtiges Verständnis: Nachdem Ananda das Buddhaland von Aksobya einmal sah, schaute er nie wieder darauf.' Bodhidharma sagte: ‚Du besitzt mein Fleisch.' Der dritte Schüler Doiku sagte: ‚Die vier Elemente sind leer und die fünf Skandhas sind nicht existent. Meiner Ansicht nach gibt es kein Ding, das erlangt werden muß.' Der Patriarch sagte: ‚Du besitzt meine Knochen.' Schließlich vollzog Eka drei Niederwerfungen und kehrte ohne zu sprechen zu seinem Sitzplatz zurück. Bodhidharma sagte: ‚Du besitzt mein Mark'. Daraufhin übermittelte Bodhidharma seinen Dharma und seine Robe an Eka und bestimmte ihn zum zweiten Patriarchen."

Dogen kommentriert das und sagt: *„Der Körper des gesamten Universums ist nicht nur Bodhidharmas Körper; er ist seine Haut, sein Fleisch, seine Knochen und sein Mark. Deshalb können wir sagen, ‚du besitzt meine Robe', und ‚du besitzt mein Dharma'. Des weiteren überschreiten die Worte von beiden, Bodhidharmas und die der Schüler, Universum und Einzelheiten. Folglich lernen Meister und Schüler zusammen. Dieses wechselseitige Studieren und Suchen des Weges zwischen Meister und Schüler ist Katto, die spirituelle und physische Umschlingung der Buddhas und Patriarchen. Dies formt das Leben der Buddhas und Patriarchen; Haut, Fleisch, Knochen und Mark formen das Lächeln des Mahakasyapa."* (16)

Wenn ein Mensch ein Buddha wird nur durch die Übung des ZAZEN –
dann sollte ich als Frosch das schon seit langem sein.

2. Kapitel

Das Zazen der Buddhas und Patriarchen

Zen ist nicht beschränkt auf Zazen, die Sitzmeditation auf dem Kissen. Zen ist eine Lebensweise, und das ganze Leben ist das Feld des Zen. Jedoch ist die Meditation im Sitzen oder Zazen – und das umfaßt beides, Shikantaza und Koanmeditation – zentral für den Weg des Zen. Zazen ist für Zen, was die Eucharistie für die christliche Kirche ist. Es ist Sakrament und Symbol des Ausdrucks, der Authentisierung und der Artikulation. Natürlich lernt man den Weg durch die Praxis, aber ich möchte einen Rahmen zum Verständnis und einen Leitfaden geben. Wir brauchen nämlich nicht nur Führung und Rahmenbedingungen fürs Zazen; Zazen selbst erhält seine Bedeutung und Gültigkeit nur im Kontext der Gesamtheit des Buddhismus und der Zen-Tradition.

Zazen und historisches Bewußtsein

Es gab eine Tendenz, Zazen vom Zen-Buddhismus zu isolieren und von seiner Tradition, seiner Lehre, seiner Praxis, der Geschichte, den Symbolen und dem Glauben loszulösen. Man richtete sich auf irgendein objektloses Gewahrsein des sogenannten Einheits- oder Nicht-Zweiheits-Bewußtseins aus, nannte dies „reines Zen“ und schob alles übrige als zuviel nutzloses Gepäck beiseite. Das ist eine vollständige Verdrehung und Travestie des Zen. Zen ist nicht irgendeine isolierte Erfahrung, ein besonderer Bewußtseinszustand oder ein ahistorischer oder entwurzelter Mystizismus.[28] Rowan Williams merkt in seiner Diskussion der Mystik an: *„Insofern ‚mystische Zustände' eine Art Paradigma der Sicherheit sind, haben sie nur in einem Bezugsrahmen Autorität, an den man aus ganz anderen Gründen glaubt, und sie müssen daher angemessen geprüft werden, ob sie mit diesem Rahmen konsistent sind."* (1) In seiner Studie über Dogen als Zen-Lehrer zeigt Carl Bielefeldt, wie Dogen *„...vielleicht mehr als die meisten in der Tradition bemüht ist, seine Praxis in der Geschichte und mit der orthodoxen Übertragung der Buddhas und Patriarchen zu begründen... Die Auswahl von Zazen als der einzig wahren Praxis ist am Ende ein Glaubensakt innerhalb einer besonderen Vision einer geheiligten Geschichte. Wenn Dogen uns auffordert, Körper und Geist fallen zu lassen und nur zu sitzen, ruft er uns tatsächlich dazu auf, andere Lesarten der buddhistischen Tradition aufzugeben und uns völlig seiner zu verpflichten. Der Akt des Sitzens wird dann – ausgedrückt in religiösen Begriffen – ein Zeichen unseres Glaubens an die historische Realität der Tradition erleuchteter Übung und ein Zeichen, daß wir diese akzeptieren und daran teilnehmen."* (2)

Authentisches Zen findet im Horizont historischer und religiöser Dimensionen statt; es ist die Aktualisierung und Rekapitulation des Buddha und der Patriarchen, weitergegeben von Meister zu Jünger und genährt und bestätigt im Nährboden der Sangha. Aber es ist nicht nur eine bloße Wiederholung von Lehre, Ritual oder Verhalten. Es ist das, *„von dem man in einem religiösen System denkt, daß es die Wiederherstellung des Kontakts mit dem generativen Element ermöglicht und was jenseits der gewöhnlichen rituellen Mittel von Erinnerung und Wiederaneignung liegt."* (3) Das bedeutet, zurück zu den Wurzeln zu gehen und die Beziehung mit der ursprünglichen Realität von Selbst und Welt zu etablieren. Es ist kein

[28] Vgl. zum Thema Erfahrung das 4. Kapitel

isolierter oder neutraler Akt des Bewußtseins, sondern ein verkörpertes, historisches, religiöses Bewußtsein in Form von Sprache, Symbolen und Praxis.

Erneuerung, Regeneration und Anpassung finden statt, wenn man zu den Wurzeln zurück geht, und genauso durch den Dialog mit anderen Traditionen und Bewegungen. Das wird durch die Fragen der Zeit provoziert und durch unser eigenes Gefühl der Diskrepanz und der Notwendigkeit von Authentizität. Das ist es, was jetzt mit Zen im Westen passiert. Es geht nicht vorrangig um Methoden und Techniken, sondern um eine Re-Vision und um neue Bilder und Vorstellungen.

Einstellungen zu Zazen

Techniken

Ich möchte hier nicht die Methoden und Techniken des Zen beschreiben. Das kann man ausführlich in den vielen Büchern nachlesen, die darüber erhältlich sind. Methoden und Techniken sind nötig und hilfreich – aber nur dadurch, daß man über sie hinausgeht, kann man zum authentischen Zen kommen. Die Versuchung ist groß, Zen in eine „Wie man das macht“-Technik zu verwandeln, in eine automatische, mechanische Methode. Einige betonen zu sehr Anstrengung, Disziplin und Konzentration, als ob man durch Konzentration und Anstrengung zu einem Durchbruch kommen könnte. Sicherlich kann man zu einem Durchbruch kommen, aber oft wird es ein Zusammenbruch sein, denn eine solche Anstrengung ist nur eine weitere Intensivierung des Ich-Bewußtseins. Das

Erwachen im Zen ist Realisierung, und Zen-Praxis ist ein Loslassen und Sich-Hingeben, es ist eine Selbst-Transformation.

Die Erwähnung von Techniken und Methoden erinnert mich daran, eine oder zwei Warnungen auszusprechen. Einige Bücher und Lehrer betonen die tiefe Bauchatmung, und irrtümlicherweise versuchen Schüler, den Atem in den Bauch zu zwingen. Eine derartige Atmung ist schädlich. Atme normal, aber wenn du kannst, ist es gut, das Ausatmen etwas länger werden zu lassen. Und dein Unterbauch soll kontrolliert, aber nicht angespannt oder verkrampft sein. (4) Es ist in Ordnung, die Aufmerksamkeit auf das Hara zu richten, aber folge nicht einfach gläubig den irreführenden Anweisungen über den Hara-Atem von K. von Dürckheim und einigen übereifrigen Zen-Handbüchern. Lasse die Augen locker, fixiere den Blick nicht auf irgendeinen Punkt; die Augen sind offen und zwinkern ganz normal. Was den Schmerz angeht – etwas Schmerz beim Zazen kann sogar hilfreich sein! Wenn Schmerz da ist, dann geh in den Schmerz, sei der Schmerz, sei mit dem Schmerz. Aber wenn du einen scharfen, stechenden Schmerz verspürst, ist das ein Warnhinweis, die Haltung zu ändern. Und laß deine Beine nicht einschlafen. Der Gedanke: je mehr Schmerz, desto besser – das ist eine Illusion und Masochismus.

Das Mark des Shikantaza

Gerade dies – nur sitzen, hier und jetzt sein, gegenwärtig sein, loslassen und sein lassen, – das ist beim Shikantaza oder „Nur-Sitzen" entscheidend. Es geht nicht darum, einen besonderen Zustand des Bewußtseins zu erreichen. Kein Versuch, etwas zu erreichen, und kein Versuch, nichts zu erreichen. Keine Ziele, keine Vergleiche, keine Urteile, keine Errungenschaften. Es ist nur da-sein, gegenwärtig, gewahr und gegründet im Gewahrsein des Körpers. Mit-sein mit sich selbst, mit-sein mit allem.

„In Dogens Auffassung von Nur-Zazen wird ‚Nicht-Denken' nicht so sehr in einem transzendenten Sinn benützt als vielmehr im Sinne von Realisierung; es ist objektlos, subjektlos, formlos, ziellos, zwecklos. Aber es ist nicht identisch mit einem Vakuum ohne jeglichen intellektuellen Inhalt. ‚Nur-Zazen' eliminiert nicht die Intelligenz, sondern realisiert sie. Im Nur-Zazen entfaltet Intelligenz die Geheimnisse der Existenz anstatt sie zu umschreiben." (5)

Gewöhnlich war dein Shikantaza nicht gut, wenn du dich danach erschöpft, müde oder unruhig fühlst. Vielleicht hast du dich zu sehr bemüht, dich zu konzentrieren, oder versucht, dies oder jenes zu erreichen. Du wirst aus deiner Erfahrung lernen müssen.

Gedanken

Oft bitten mich Leute um Hilfe, wie sie im Zen mit den Gedanken umgehen sollen. Später werde ich mehr dazu sagen, aber ein oder zwei Hilfen möchte ich gleich geben: In einem reinen oder „bloßen" Bewußtsein zu sitzen, heißt, in geräumiger Weite zu sitzen; es bedeutet, geeint und Meister seiner selbst zu sein, offen und durchscheinend. Das ist das Ideal. Aber hafte an diesem Zustand nicht an, und versuche nicht zu sehr, ihn zu erreichen. Versuche nicht, deine Gedanken zu verdrängen oder zu unterdrücken. *Du bist* deine Gedanken: Emotionen, Bilder, Ideen, Gewohnheiten, Urteile und Entscheidungen. Und gleichzeitig bist du mehr als deine Gedanken. Und du kannst dein Selbst, das mehr ist als deine Gedanken, nicht realisieren, wenn du nicht durch deine Gedanken durchgehst. Deine Gedanken sind grundsätzlich die Fragen, die dir das Leben stellt, und es sind auch deine Fragen an das Leben. Wenn du im Zazen sitzt, dann ordnest du dich richtig im Raum dieser Fragen. Sitze mit all den Fragen deines Lebens, laß sie im Licht dessen, was jenseits der Gedanken ist, geordnet werden.

Wenn aber genau deine Existenz oder der Sinn deines Leben zur Frage wird, dann wird dies dein Koan, doch darüber später mehr. Wenn sich dein Leben im Licht der absoluten Wahrheit geordnet hat und du dich dort niedergelassen hast, wo es nichts gibt, um sich niederzulassen, sogar dann können unnütze Überlegungen, unerwünschte Gedanken und Emotionen, denen du nicht entrinnen kannst, in dich eindringen und dich immer wieder mitreißen. Wenn du nicht leicht zentriert sein kannst, wenn du zu sehr abgelenkt bist, dann mußt du lernen, damit umzugehen.

Anfangs ist es hilfreich, die Gedanken zu „benennen", wenn sie entstehen: Wenn ein Gedanke oder eine Emotion entsteht, schau sie an, fühle sie, schau in die darunterliegenden Haltungen und Muster und nenne sie bei ihrem Namen, z.B: Beunruhigung; Angst; Zorn; sich nicht angenommen fühlen; Verletzungen im Ego spüren; den Helden/die Heldin spielen wollen oder den Erlöser; Ungeduld; usw. Es hilft auch, die Emotion aus einer anderen Perspektive zu sehen und sich ihres Musters, ihrer Geschichte und dessen gewahr zu sein, was dir das erzählen kann. All dies geschieht, ohne zu analysieren; es ist nur ein Fühlen und ein Sehen der Bewegung, der Tönung, des Gefüges und des Musters; und zugleich ein Im-Gewahr-sein-des-Körpers zu sein, hier und jetzt. Dieses doppelte Gegenwärtig- und Gewahr-sein, „dort" zu sein und „hier" zu sein, hilft einem, loszulassen und befreit zu werden. Doch besonders bei Emotionen wie Zorn, Groll, krankhaftem Mißtrauen oder Sex, ist es nicht hilfreich, „eins" mit den Bildern oder Emotionen zu werden. Es ist besser, sich des inneren

Bedürfnisses und Verlangens gewahr zu werden oder der Verletzung, des Schmerzes oder der Angst, ohne sich in Bildern und Emotionen zu verlieren, und auch dabei im Gewahrsein von Körper und Atem zu gründen.

Lassen Sie mich als Beispiel die Geschichte eines Süchtigen zitieren:

„Ich tat zwei Dinge. Erstens begann ich, für meinen Körper gut zu sorgen, mit gutem Essen und Übungen. Zweitens begann ich, in einer anderen Weise zu meditieren als man es mich gelehrt hatte. Statt die Aufmerksamkeit auf ein spezifisches Objekt (Tunnel-Vision) wie das Atmen zu lenken, saß ich zum Beispiel still, und die Aufmerksamkeit ging auf das, was mich gerade im Moment ablenkte, ob das nun Gedanken waren, Gefühle, Emotionen, Empfindungen. Ich gab dem – was immer es war – die volle Aufmerksamkeit oder umarmte es vollständig, mit jedem Atemzug, ohne zu reagieren. Wenn ich zum Beispiel das Verlangen nach einem Drink hatte, nahm ich dieses Verlangen bereitwillig hin, ohne es zu unterdrücken (zu kontrollieren) oder auszuagieren, oder was immer (ebenfalls Kontrolle).“

„Ich begann diesem Prozeß völlig zu vertrauen, denn je mehr ich das tat, desto freier und glücklicher fühlte ich mich, und desto mehr erfuhr ich, daß ich mich diesem Prozeß überantworten konnte, wann immer mich etwas ablenkte oder mich beunruhigte – heimlich nannte ich es den Prozeß der Weisheit der Aufmerksamkeit. Statt mich einem Drink oder anderen ungesunden Prozessen oder Substanzen, eingeschlossen Meditationslehrern, zuzuwenden, gab ich mich diesem Prozeß hin.“ (6)

Standhaftigkeit, Neugestaltung der inneren Bilder, Hingabe

Manchmal wird man jedoch zu sich selber und zu der endlosen Kette von Gedanken und Emotionen entschlossen

„genug" oder „nein" sagen müssen, besonders wenn es sich um eine nicht endende Schwelgerei in Selbstmitleid, Schimpfen, Zorn, Groll, Sex, krankhaftem Mißtrauen, usw. handelt. Du mußt mit dir selbst fest umgehen, ohne hart zu sein. Oft kann jedoch ein zugrundeliegendes, tief verborgenes Bild von einem selbst diese negativen Emotionen aktivieren. Dann wird es hilfreich sein, dich selbst und deine Umgebung in neuen Bildern vorzustellen und Selbstbilder von Glaube, Hoffnung, Vertrauen, Mut, Freiheit und Mitgefühl entstehen zu lassen, und diese wieder in dein Bewußtsein und Unterbewußtsein einzulassen. Das Selbst-Bild ist ein aktivierender Agent, ein hilfreiches Mittel; hänge nicht an dem Bild selbst. Es ist lebenswichtig, Glauben und Vertrauen, Mut und Mitgefühl aus deinen Tiefen aufsteigen zu lassen. So ein Hervorquellen ist die Funktion von Bodhicitta, dem Herz-Geist des Bodhisattva. Und solch ein Glaube, solches Vertrauen, solcher Mut und solches Mitgefühl bringen Loslassen und Sterben mit sich – deinen Anhaftungen und Aversionen zu sterben, deinem verzweifelten Hängen am Überleben, der Suche nach dem Selbst, nach Sicherheit und Bequemlichkeit. Dieses Loslassen und Sein-Lassen ist eine Art von Handeln im Nicht-Handeln. Jedoch ist da eine Gefahr, daß es ein willkürliches Streben wird, eine subtile Form der Bestätigung des Ego. Dann wird es nötig sein, daß du alles Streben und Kämpfen und Wollen aufgibst, und dich selbst in wissendem Glauben und Vertrauen in deine eigene verkörperte Existenz hingibst. C.G. Jungs Worte sind hier sehr passend:

„Der Patient muß nicht lernen, wie er seine Neurose los wird, sondern wie er sie ertragen kann. Seine Krankheit ist nicht eine unbegründete und daher bedeutungslose Bürde; es ist sein eigenes Selbst, der ‚Andere', … den er immer versucht hat, aus seinem Leben auszuschließen."

Dann kann Sich-selbst-annehmen geschehen, und Selbst-Transformation.

Und Paul Tillich schrieb: „*...Manchmal geschieht es, daß sie die Kraft erhalten, ‚ja' zu sich selbst zu sagen, und Friede tritt in sie ein und macht sie ganz. Selbst-Haß und Selbst-Verachtung verschwinden, und ihr Selbst ist mit sich selbst wieder vereint. Dann kann man sagen, daß die Gnade auf sie herabgekommen ist.*"

Zazen: Zentrum und Zentrieren

Lassen Sie mich nun ein zentrales Bild oder Symbol für Zazen geben: Zazen ist, in der Mitte zu sein. Es heißt, sich selbst sowohl als Mitte, als das Zentrum, und auch als den Prozeß des Zentrierens zu erfahren. Die mittelalterliche christliche Metapher für Gott kann auf das Selbst angewendet werden: Eine Kugel, deren Umfang nirgends und deren Zentrum überall ist. Im Zazen bist du im Herzen des Universums, und du bist das Herz des Universums. Das Selbst umfaßt und entfaltet die Gesamtheit der Realität, der Geschichte von Zeit und Raum. Die Mitte des menschlichen Wesens ist hohl, eine Null, ein leeres Nichts, wodurch das ganze Universum verwandelt und neugeschaffen einfließt und ausfließt. Es ist keine Flucht vor dem Körper, vor der Welt, den anderen oder der Zeit oder der Geschichte. Es ist keine einliniger Übergang von einem Moment zum anderen, von der Vergangenheit zur Zukunft. Es bedeutet, im Herzen des Zusammenlaufens und Hervorgehens aller Zeiten und Wesen zu sein. Es bedeutet, präsent zu sein, da für sich selbst, und durch Selbst-Präsenz präsent für die gesamte Wirklichkeit zu sein. Nicht von Gedanken, Bildern, Erinnerungen und Emotionen weggetragen zu werden, sie nicht zu kontrollieren oder zu unterdrücken – sondern zu sein, präsent zu sein; sein zu lassen, einzulassen, und loszulassen. Präsent zu sein für die Vergangenheit, für die Gegenwart und die Zukunft; und präsent für das Selbst, für die Welt und die anderen. Gabriel Moran drückt dieses Gefühl, „in der Mitte zu sein", sehr gut aus:

„Wenn man die Zeit als eine Folge von Punkten versteht, dann ist die Bewegung in Richtung Tod fast notwendigerweise ein Marsch der Verzweiflung. Erik Erikson beschreibt Verzweiflung als das Gefühl, daß einem die Zeit ausgeht. Aber viele Menschen erfahren das Nahen des Todes nicht auf diese Weise. Sie haben durch die Religion oder anderswoher eine Bedeutung der Zeit entdeckt, in der die Gegenwart beständig durch die Vergangenheit bereichert wird; sie sind mit dem Tag zufrieden.

‚Wer mit einem Sinn für das Gegenwärtige lebt', schreibt Abraham Heschel, ‚weiß, daß älter werden nicht bedeutet, Zeit zu verlieren, sondern vielmehr Zeit zu gewinnen.' Man sinkt in die Mitte der Zeit, an den stillen Punkt im Zentrum der Welt. ‚Und nenne es nicht Endlichkeit, wo Vergangenheit und Zukunft versammelt sind' (T.S. Eliot)." (7)

An einer anderen Stelle schreibt Moran nochmals:

„Wenn man sich Entwicklung als eine gerade Linie nach oben oder nach vorne vorstellt, dann ist der gewonnene Boden individuell, und es herrscht dauernder Kampf. Es scheint mir, daß das Christentum und alle anderen großen Religionen diese Annahme ablehnen. Das Ganze des Lebens eines jeden steht das ganze Leben hindurch auf dem Spiel. Das könnte einen erschrecken, weil nirgends sicherer Besitz ist. Wenn man jedoch nicht alles kontrolliert, dann hat man auch nicht die Bürde, die ganze Welt zu konstruieren. Wir müssen uns nur in die Mitte der Schöpfung setzen, aufmerksam lauschen und dann antworten, so gut wir können. Wenn wir zum Sterben kommen, müssen wir unsere Position nicht radikal verändern, außer daß wir uns vielleicht

niederlegen müssen anstatt zu sitzen... Eine Theorie der religiösen Entwicklung ist ein Kreis um die unerreichbare Mitte unseres eigenen Lebens und des Lebens aller Kreaturen. "(8)

Dieses In-der-Mitte-Sitzen ist: im Bodhimandala[29], in der Leere sitzen. Es ist die Leere selbst, die so sitzt: Das Formlose Selbst präsentiert und müht sich selbst als diese Form durch und durch; und das ganze Universum ist in dieser Form enthalten. *„So ist das ‚Ich', das Leben ist; das Leben, das ‚Ich' ist", sagt Dogen* (9). Jetzt ist alle Zeiten, die ganze Wirklichkeit.

Dein Jetzt ist Ewigkeit als jetzt. *„Ewige Zeit ist gerade dieser Augenblick"*, heißt der Vers zu Mumonkan Fall Nr. 47. *„Alles ist gesegnet, alles ist gesegnet"*, ruft der Vers zum Fall Nr. 35. *Du* bist gesegnet, begnadet, angenommen und bedingungslos bejaht. Dein Verhalten in der Welt mag unangemessen oder ein Irrtum sein; aber *du* bist gesegnet, gut und schön. Es fehlt dir nichts, deine Armut ist Fülle. Es ist zu Zeiten hilfreich, sich mit so vielen Worten an diese Vision und Realisierung zu erinnern, besonders, wenn dein Herz-Geist verwirrt oder in Vergessenheit geraten ist. **„Buddham Saranam Gacchami"**: Buddha bist du selbst, Buddha ist deine Heimat; komm heim. Das ist das Gegenteil des Versuchs, aus der menschlichen Bedingtheit durch Vielheit und Zweiheit davonzulaufen. Es ist wahr, zu Zeiten kann man so begnadet sein wie ein Tänzer, der eins ist mit dem Tanz, in Freiheit, Spontaneität und Einheit. Aber identifiziere Leere oder Buddha-Geist oder das Nicht-Selbst nicht mit solch einer bestimmten Bedingtheit oder einem solchen Zustand. Es ist eine menschliche Versuchung, sich nach so einem absoluten und geeinten Zustand des Geistes von reiner Aktivität zu sehnen oder danach zu suchen. So ein Verlangen kann zu vielen Übeln führen. Es ist ein Verlangen nach dem Abstrakten, eine Flucht vor dem

[29] Bodhimandala: Mandala der Erleuchtung

Konkreten; es ist ein Dualismus, in dem ein Zustand dem anderen Zustand entgegengesetzt ist.

Dogens Weg, so schreibt Hee-Jin Kim, ist der Versuch, die Dualismen nicht zu transzendieren, sondern zu realisieren.

„Bei Dogen sind die Gegensätze der Dualitäten nicht entwertet oder nur verwischt; sie werden nicht so sehr transzendiert als vielmehr realisiert. Die absolute Freiheit, um die es hier geht, ist jene Freiheit, die sich in Dualitäten realisiert, nicht getrennt davon." (10)

Uranfängliche Liebe und aktive Liebe

Und doch scheint der gesamte Ansatz von Dogen unangemessen und mangelhaft. Man hält sich in vielen Ebenen auf, in vielen Selbsten. Vieldeutigkeit, Pluralität, Getrenntheit, Endlichkeit und Unvollendetheit gehören zur Bedingung des Menschlichen. Im Zentrum der Stille und Leere zu sitzen, das bedeutet, diese bedingte Menschlichkeit voll und ganz zu umarmen; zu realisieren, daß die Dunkelheit selbst das Licht ist, daß alles ‚leer' ist und alles Gnade. Es bedeutet nicht, das Übel in der Welt oder im eigenen Herzen zu ignorieren, sondern es ist die Realisierung der ursprünglichen Vision des Guten und Schönen, des Mysteriums, das gnädig ist.

Es gibt zwei Ebenen der Liebe. Die grundlegende und elementare Ebene der Bejahung, auf der die Existenz und das Sein deiner selbst/des anderen als gut bejaht wird: **Es ist gut, daß es dich gibt.** Die zweite Ebene entspringt der ersten und ist Tun, Ändern, Arbeiten. In der Mitte zu sitzen, heißt, das große Amen zu sprechen, das Ja zu deiner eigenen Existenz und zu der des anderen, und genauso zu allem, was ist: „Ja zu allem, was ist, Dank für alles, was gewesen ist." Es ist gut, daß du bist. Alle sind gesegnet, alle sind gesegnet. Wenn du vom Sitzen aufstehst, kannst du in die Welt hinausgehen, um zu handeln und Dinge zu ändern. „Ohne an Gut und Böse zu denken, in diesem Augenblick, was ist dein wahres Selbst?" (11)

Mit-sein: Spiel-Raum

Ich möchte noch eine andere Metapher bzw. ein anderes Bild für Zazen geben: Raum für sich selbst zu haben oder Mit-sich-selbst-sein. Im Wachstum eines Kindes nimmt der Spielraum einen lebenswichtigen Platz ein. Es ist ein „innerer" Raum, der es einem Kind ermöglicht, einen Sinn von Selbstheit zu erwerben. Spiel-Raum bezeichnet die Dimension, in der ein Kind für sich selbst spielen und mit sich selbst reden kann. Das Ambiente der Mutter oder der Person, die für das Kind sorgt, setzt dazu instand. Piaget beschreibt das so:

„Was (das Kind) sagt, scheint nicht an es selbst gerichtet zu sein, sondern ist in das Gefühl der Präsenz eingehüllt, so daß es für das Kind als dasselbe erscheint, ob es zu sich selbst oder zu seiner Mutter spricht. Seine Aktivitäten finden in einer Atmosphäre der Gemeinschaft oder Einstimmung auf dieselbe Wellenlänge statt; man kann nahezu von ‚dem Leben der Einheit' sprechen, um die Ausdrücke der Mystik zu verwenden, und diese Atmosphäre schließt alles egozentrische Bewußtsein aus. Aber auf der anderen Seite muß man einfach betroffen sein vom Charakter eines Selbstgesprächs, den diese Bemerkungen haben. Das Kind stellt weder Fragen noch erwartet es eine Antwort, noch versucht es, seiner Mutter, die anwesend ist, irgendeine bestimmte Information zu geben. Es fragt sich selbst nicht, ob sie zuhört oder nicht. Das Kind spricht mit sich selbst gerade so, wie ein Erwachseneres tut, wenn er in sich selbst spricht." (12)

Die persönliche, indirekte und unaufdringliche Gegenwart der Mutter bzw. der sorgenden Person befähigt das Kind, mit sich selbst zu sein, mit sich selbst zu spielen, einen Sinn für innere Selbstheit zu erwerben und mit den inneren Emotionen und Bildern in Berührung zu sein. Der Spiel-Raum ist die Grundlage für das Selbstvertrauen des Erwachsenen und die Identität seines inneren Selbst und der Freiheit.

„Das zentrale Charakteristikum eines Vorschulkindes ist eine embryonale ‚Innerlichkeit'., ...Diese enstehende ‚Innerlichkeit' ist ein unmittelbarer Vorläufer jener Stufe einer reifen ‚inneren' Erfahrung, wenn die eigenen Gedanken wirklich die eigenen Gedanken sind." (13)

Wenn es im Spiel-Raum Störungen gibt, orientiert sich das Kind an der äußeren Welt. Seine Sprache wird dann linear, logisch und auf die „Realität" gerichtet. In diesem Raum wird das „soziale Ich" gebildet. Das ist jenes „Ich", in dem das Kind sich so sieht, wie es die anderen sehen. Dies sind zwei verschiedene „Räume". Im Spiel-Raum bringt das Kind eine personale Realität hervor, im sozialen Raum eine soziale und öffentliche Realität. Ohne die Erfahrung des Spiel-Raumes fühlt man sich nicht in Berührung mit sich selbst. Es fehlt einem ein Gefühlston für Leben und innere Freiheit, und man verfehlt den Sinn für Realität.

Ich möchte diese Metapher des Spiel-Raums auf Zazen anwenden. Zazen ist: Sein in einem Spiel-Raum. Sicher, es ist nicht eine bloße Wiederholung der Spiele der Kindheit, aber es ist so ähnlich. Der große christliche Philosoph und Theologe Thomas von Aquin verglich die Kontemplation mit dem Spiel, insofern beides keinen Zweck außer sich selbst hat. Dogen beschreibt „Nur-Zazen" als „fröhliches Spielen in einem solchen Samadhi", dem Samadhi der selbsterfüllenden Aktivität, jijuyu-zammai. „Wenn du standhaft alle Anhaftungen vergißt, wirst du selbst ganz natürlich zum Zazen selbst. Das ist die Kunst des Zazen. Zazen ist das Dharma-Tor zu großer Ruhe und Freude." (14)

Was ich mit Zazen als Spiel-Raum meine, das ist, Sein-mit-sich-selbst. Mit sich selbst sein in einer überwölbenden persönlichen Umgebung und Präsenz – da ist Raum, um man selbst zu sein, sich selbst als sich selbst sein zu lassen. Wenn man präsent für sich selbst ist, dann kommt man zum Mitsein mit dem ganzen Universum, wird präsent für die Welt und die anderen. Es ist jedoch keine Begegegnung von Angesicht zu Angesicht. Da ist Gewahrsein, aber keine scharfen Unterscheidungen, keine Definitionen, keine Trennungen und Differenzierungen, kein einliniges, diskursives, rationales, logisches Denken. Gleichzeitig ist man seinen Phantasien und Emotionen nicht ausgeliefert. Man ist präsent für sich selbst, man ist mit sich selbst. Was immer ins Gewahrsein tritt, nimm Notiz davon und laß es vorübergehen. Weder verleugne noch unterdrücke es oder kämpfe damit, noch agiere es aus, oder schwelge darin und laß dich davon wegtragen. Man trägt mit und unterstützt alle. In dieser Dimension des Seins-mit wird deine Kindheit präsent, deine Jugend und all deine Vergangenheit – du bist jetzt ein Kind, aber nicht einfach in einer Regression.

Intimität und Geduld

Zen spricht über Intimität. Im Zazen des Mit-seins wirst du intim mit dir selbst, mit deinem eigenen Herzen und deinem Geist, den Emotionen und Imaginationen, und besonders mit deinem inneren Herz-Geist. Du bist in Berührung mit deinen eigenen Gefühlen und realisierst dein authentisches Herz. In diesem Sinn ist es therapeutisch und heilsam. Therapie ist jedoch nicht das Hauptziel, sondern nur ein Nebenprodukt des Zen. Und außerdem bedeutet „mit dir selbst zu sein" auch, daß du durch Dunkelheit, Leere, Einsamkeit, Angst und was noch alles gehst. Dies ist auch die Geburt des Mitfühlens. Du mußt nicht nur mit deiner eigenen Verrücktheit, Furcht, Dunkelheit und Schmerz mit-sein und mußt sie mit-ertragen, sondern die ganze Welt tritt in geheimnisvoller Weise in dein Herz ein und tritt aus deinem Herzen hervor. Durch dieses Mit-sein und Mit-tragen deiner eigenen Leidenschaften und Ängste kannst du mitfühlend werden. Wenn du durch den Schmerz deiner eigenen Einsamkeit gehst, dann kannst du das Alleinsein der Abgeschiedenheit betreten, in dem du nicht mehr einsam bist. Zur inneren Dimension des Zazen gehören Geduld und Warten – vor allem Geduld mit sich selbst. Geduld zu haben, heißt zu leiden, sich selbst zu erleiden. Wir sind so oft ungeduldig mit uns selbst und der Welt, wir haben es eilig, etwas zu ändern, zu manipulieren, es nach unseren Wünschen und Bedürfnissen anzuordnen. „Natur" – die Natur unseres eigenen Seins und die Natur der anderen und der Welt – leistet Widerstand und bietet ein schwer zu bearbeitendes Hindernis für unseren Eigenwillen und Egoismus. Im Zazen müssen wir lernen, uns selbst zu ertragen, mit uns selbst zu sein, unseren Eigenwillen loszulassen und zu lernen, uns willig hinzugeben.

Personal und Transpersonal

Der Zazen-Spiel-Raum ist durch eine personale Umgebung konstituiert, wie wir früher sagten. „Transpersonal" mag ein geeigneterer Ausdruck sein. Viele haben negative Reaktionen, wenn von „personal" und „Präsenz" gesprochen wird. Sehr oft ist es ein Mißverständnis des Zen oder eine Reaktion auf frühere Erfahrungen mit einer unterdrückenden Präsenz oder Übermacht. Für viele Christen ist die Idee Gottes so eine Vorstellung von einer unterdrückenden, dominierenden, richtenden, allmächtigen Übermacht, die „da draußen" ist. Es ist in Wirklichkeit eine böse Macht, ein Idol und ein Moloch. Dies muß durch die Praxis des authentischen Zazen ausgetrieben werden. In der Vision des Zen ist das ganze Universum personale Präsenz, oder, wenn man möchte, transpersonal. Es ist BEWUSSTSEIN, INTELLIGENZ, GEWAHRSEIN und MITGEFÜHL. Der Buddha-Geist oder die Buddha-Natur ist beides, eins und nicht-eins mit dem Universum. Das Mitgefühl der Bodhicitta und die königlichen „Aktivitäten" des aktiven Buddhas durchfluten die ganze Welt, und das ursprüngliche Gelübde des Buddha unterstützt und leitet alle fühlenden Wesen. Torei Zenjis[30] Bodhisattva-Gelübde verkündet:

„Sehe ich mit dem Auge der Weisheit die wirklichen Formen von dem, was ist – eben alles ist die vollständige Form der Wahrheit Tathagathas. In jedem Ereignis, in jedem Moment, jedem Ort – nichts anderes als unausdenkbares Licht … unser Essen und Trinken und die schützende Kleidung sind immer die lebendige Haut und das Fleisch des Buddha und seiner gnädigen Inkarnationen." (15)

Die Übertragung des Zen ist sehr persönlich. Sie geschieht vom Herz-Geist des Meisters zum Herz-Geist des Schülers. Dankbarkeit und Verpflichtung durchdringen und durchfluten sowohl das Herz des Schülers wie auch das des Meisters. Das Erwachen selbst „entzündet" oder realisiert den Herz-Geist des Buddha und der Patriarchen. D.T. Suzuki zeigt die Parallele zum Christentum auf:

„Kierkegaard sagt, daß der Glaube ein existenzieller Sprung ist. Genauso ist es mit Satori. Glaube hat einen christlichen Klang, während Satori spezifisch Zen ist. Meiner Ansicht nach sind beide durch Erfahrung miteinander identifizierbar." (16)

---

[30] Torei Zenji (1721-1792), bedeutender Schüler Hakuins

Zazen ist ein Akt von tiefem Glauben und Vertrauen.

„Glauben und Erleuchtung werden oft als gegensätzliche Ideen angesehen, und zwar so sehr, daß man den Zen-Buddhismus irrtümlicherweise für die exklusive Religion der Erleuchtung hält und den Glauben für ein niedrigeres oder sogar fremdes Element oder allenfalls für eine Vorstufe zur Erleuchtung. Aber in Dogens Denken durchdringen Glauben und Erleuchtung einander, so daß das eine ohne das andere nicht seine volle Bedeutung gewinnt. Der niedrigere Status des Glaubens wird ein für allemal zurückgewiesen. Gerade der Glaube wird nun das Herz der Erleuchtung." (17)

Das war nicht nur für Dogen so, sondern auch für Rinzai und andere große Zen-Meister.

Das Mißverständnis entstand sowohl infolge einer mißverstandenen Gleichsetzung von Glaube mit „an ein Dogma glauben" als auch als Reaktion gegen das Christentum. Glaube ist konstitutiv für das menschliche Sein und nicht ein Besitz des Christentums. Leere ist Fülle, Leere ist transpersonal. Gerta Ital berichtet von einer Bemerkung von Shinichi Hisamatsu[31], dem „atheistischen" Zen-Mann: *„Ich begann wieder zu sprechen und sagte: ‚Die Leere...' Aber der Meister unterbrach mich in dem Moment, in dem ich das Wort ‚Leere' sagte, für das ich das deutsche Wort ‚Nichts' verwendete. ‚Sagen Sie nicht: das Nichts', sagte er auf Deutsch, sagen Sie: ‚der Nichts'! ‚Das Nichts' ist neutral, es kann nicht die Essenz davon ausdrücken!"* (18)

Nur in einem personalen Universum können Menschen menschliche Personen werden. Der Psychotherapeut Robert F. Hobson legt ein religiöses Bekenntnis ab: *„Indem ich zur Person wurde, bin ‚ich' mir selbst näher in jenen Beziehungen*

[31] Shin-ichi Hisamatsu (1889-1981), Philosoph der Kyoto-Schule, übernimmt die Religionskritik des europäischen Atheismus, gründet 1944 die FAS-Gesellschaft. Verfasser des „Gelübdes der Menschheit"

mit anderen Personen, die ein Selbst mitteilen, das alle anderen Selbste übersteigt und doch umarmt, sowohl innere als auch äußere." (19)

Kontemplation der Natur

Als einen Seitenweg möchte ich die „Kontemplation der Natur" als Teil des Zazen empfehlen. Sehr oft übt man Zazen in einem abgeschlossenen Raum, abgeschnitten von der unmittelbaren Natur und der Umgebung. Sogar wenn man im Freien sitzt, schließt man die Sinne oder konzentriert sich auf sich selbst und weg von der Umgebung. Yasutani Hakuun sagt irgendwo, daß eine Zen-Person nicht dasteht und die Natur anstarrt; er oder sie geht oder arbeitet. Ich finde so ein aktivistisches Zen an Geist und Seele mangelhaft. Es ist hilfreich, während Sesshins Zeit zu haben, draußen zu sitzen und in die offene Natur zu schauen. Wähle einen bequemen Platz, sitze entspannt, aber aufrecht; öffne deine Sinne zur Welt der Natur. Es ist nicht ein bloßes Schauen, es ist eher ein Hereinnehmen oder Einlassen der Natur, der grünen Bäume, des Murmeln des Stromes, der sanften Brise, der fliegenden Vögel, der flatternden Schmetterlinge... Sei entspannt, sei offen, laß dich von der Natur erfüllen. Gedanken, Bilder, Emotionen mögen durch deinen Geist flimmern. Nimm Notiz von ihnen und komm zurück zur Betrachtung der Natur. Dein Geist ist ein offener Raum. Nur sein. Kein Ziel zu erreichen. Das ist gleichzeitig nicht nur entspannend wie etwa ein Sonnenbad, sondern auch die Seele wird durch eine solche Kontemplation genährt. Dies ist in einem gewissen Sinn das Rezitieren der Sutras der Berge, der Flüsse und des gesamten Universums. Die Natur präsentiert sich in dir und für dich. Sei, laß sein. Natürlich, übertreib es nicht. Und manche mögen es schwer finden, still zu sitzen. Für sie mag es gut sein, einen kontemplativen Gang durch Felder und Wälder zu unternehmen.

Buddha ruft die Erde zum Zeugen an

Man kann diesen Teil zusammenfassen mit dem Bild des Sakyamuni Buddha, der in der Lotushaltung sitzt, die eine Hand zeigt auf die Erde, und die andere ruht im Schoß und hält eine Bettelschale. Es ist das Bild des Buddha, wie er Mara, den Versucher, überwindet. Als Mara den Buddha versuchte und ihm erzählte, daß er auf diesem Stück Erde nicht sitzen könne, weil es ihm (Mara) gehöre, zeigte der Buddha mit seiner rechten Hand auf die Erde und rief die Erde zum Zeugnis an, daß sie dem Buddha gehört, und nicht Mara. Daß er die Bettelschale in der anderen Hand hält, zeigt die Bezogenheit aller Wesen aufeinander. Dies ist ein schönes Bild für Zazen. Lasse dich in der Mitte nieder. Du bist bereits in der Mitte; und du bist die Mitte. Die Mitte ist nirgendwo, sondern gerade dort, wo du bist. In der Mitte zu sein, das ist auch, bei dir selbst zu sein. Sei in deinem Körper und in der Erde gegründet. Der Atem verbindet dich mit allen Wesen. Sei mit deinem Atem, sei mit dir selbst – mit all dem, was mit dir und in dir geschieht – laß sein, aber laß dich nicht davontragen, „verliere“ dich nicht selbst. Das Samadhi der selbsterfüllenden Aktivität, jijuyu zammai, ist kein Verlust des Selbst, sondern Selbstaktualisierung und Freiheit. Wenn während deines alltäglichen Lebens dein Geist zerstreut und „irgendwo anders“ ist, dann ist es gut, eine Sekunde zu atmen, um dich selbst im Hier und Jetzt deines Körper-Hara, in sanftem Gewahrsein zu sammeln. Und rufe dich auch zurück zu deiner authentischen Vision des Lebens und der Wirklichkeit. Und laß dich auch nicht von deinen Körper- und Atem-Empfindungen „einfangen". Manche Leute können sich völlig in Körperempfindungen und äußeren Stimuli verfangen, um dem inneren Tumult zu entfliehen, oder sie haben keinerlei inneren Raum für Phantasie und Imagination. (20) Sie sind unfähig, mit sich selbst zu sein, und daher unfähig, mit anderen zu sein, da ihnen der Sinn für Raum fehlt. Oft beschreiben Bücher Shikantaza mit Ausdrücken wie angespannt und wach sitzen, völlig gewahr, konzentriert und einspitzig. Das bedeutet, überhaupt keinen Raum zu haben, und es klingt mehr wie eine Intensivierung der Arbeit des Ego als nach dem Zazen der Buddhas und Patriarchen. Körpergefühle sind zentral für einen Sinn von Selbstsein, und um hier und jetzt präsent zu sein. Aber „Körper" ist mehr als nur die feste Hülle der Haut. Dein Körper ist dadurch wirklich dein Körper, daß du mit anderen und der Welt bist, das Zentrum eines wunderbaren Austauschs von Selbst und Welt, so wie das die Bettelschale des Buddha symbolisiert.

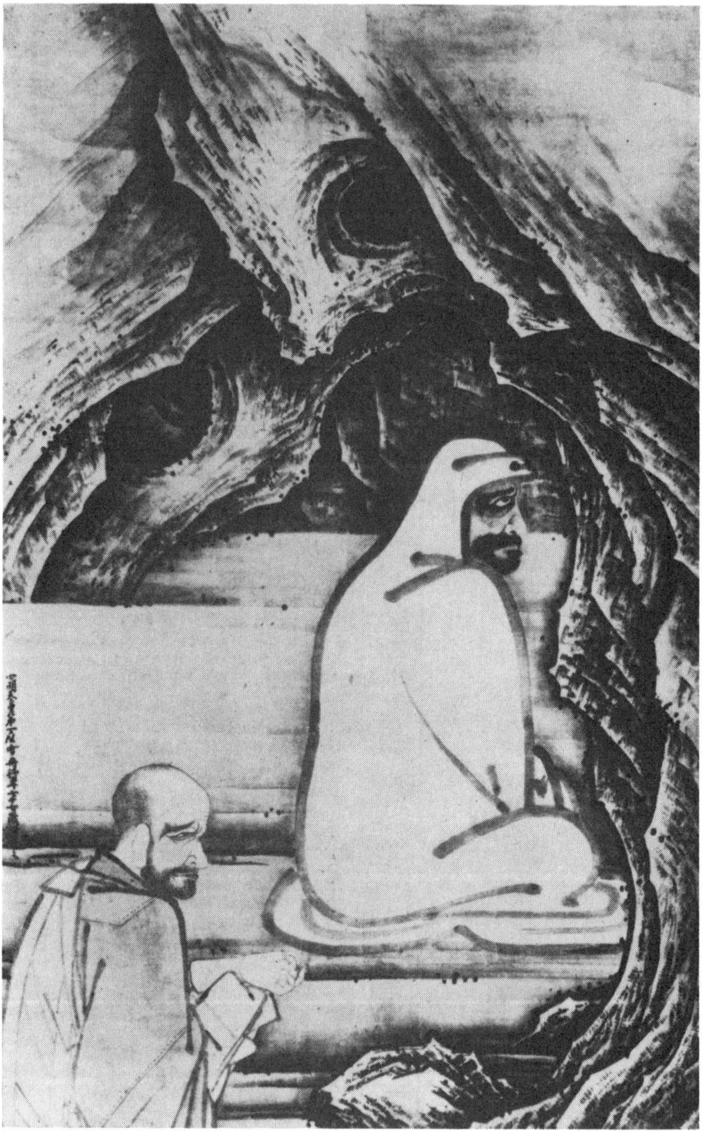

3. Kapitel

Koan: Die Frage von Leben und Tod

Das ruhelose Herz

Im vorhergehenden Abschnitt ging es vor allem um Shikantaza, um „Nur-sitzen“. Aber das schließt nicht die Koans aus, das Fragen und Suchen des Herz-Geistes. Es ist das Wesen des menschlichen Geistes und des Herzens, zu forschen, zu suchen, zu sehnen, zu fragen. Durch dieses forschende Fragen öffnet sich der Herz-Geist, und durch dieses Sich-öffnen kann die ganze Welt eintreten. So ist dieses Fragen mehr als nur eine Frage des Wohlbefindens, es ist die grundlegende letzte Frage, der das Forschen des Herz-Geistes gilt: Was ist der Sinn meines Lebens? Wohin gehe ich nach dem Tod? Was ist wirklich wirklich? Wer bin ich? Wie kann mein Herz Frieden finden? Warum das Böse? Und so weiter.

Der Zweite Patriarch, Eka, kämpfte mit einem Herz, das rastlos war und Frieden suchte; der Dritte Patriarch, Sosan, sehnte sich danach, von seinen Sünden befreit zu werden; der Vierte Patriarch, Doshin, suchte Befreiung. Es gibt Fragen für den Intellekt, zu erkennen und erkannt zu werden; es gibt Fragen für das Herz, zu lieben und geliebt zu werden. Es gibt Fragen und Fragen. Wer die Fragen stellt – das bist nicht so sehr du, es ist das Leben, das dich befragt. Du kannst die Fragen des Herz-Geistes nicht einfach ignorieren. So sagt ein Sprichwort: Ein Leben ohne Prüfungen ist nicht wirklich menschlich. Aber das bedeutet mehr als nur ein anständiges menschliches Leben. Wenn man den tiefen Fragen und

Sehnsüchten lauscht, dem Verlangen und den Bedürfnissen, und dies artikuliert, dann braucht das viel Zeit, Geduld und Mühe. Es kann nur im Dialog mit anderen Menschen und der Welt geschehen. Ein solches Lauschen und Artikulieren sind die Grundlage des spirituellen Lebens. Und deine Fragen, die dein Herz bewegen und in ihm enthalten sind, können zu Brennpunkten der Aufmerksamkeit werden und dein Zazen und den spirituellen Weg mit Energie versorgen.

Antworten aus Büchern, von Autoritäten, aus Schriften – all dies sind nur Finger, die zum Mond zeigen. Sie können dein Herz und deinen Geist nicht wirklich erfüllen. Die ultimativen Fragen des Lebens sind nicht nur Probleme, die zu lösen sind. Gewöhnlich sind unsere Interessen nur unmittelbare Eigen-Interessen – nach Sicherheit, nach Bequemlichkeit, nach Macht, nach Prestige, oder sie drehen sich um Kontrolle oder Angst, etc. Aber darunter liegen tiefere Interessen und Fragen, die genau dein Selbst und deine Existenz betreffen. Wie Rilke an einen jungen Dichter schrieb: Man muß diese Fragen in seinem Herzen tragen und zusammen mit all dem, was im Leben ungelöst ist, ertragen – bis wir umgeformt und verwandelt sind. Eine solche Verwandlung findet statt, wenn wir unseren Fragen in der vertrauengebenden Gegenwart eines anderen menschlichen Wesens und im Gespräch der Freundschaft und Liebe nachforschen. Aber unser Herz-Geist kann nicht endgültig in einem anderen menschlichen Herzen oder Geist ruhen. Augustinus von Hippo sagte: „Ruhelos ist unser Herz, bis es ruht in Dir." Die Welt kann dein Herz nicht enthalten.

Ich bin, was ich nicht bin

Der Zen-Meister nimmt in der Reise des Koan-Zen einen zentralen Platz ein. Der Meister ist nicht so sehr da, um

Versicherungen oder Antworten zu geben; er/sie ist primär eine Hilfe, um unsere Fragen zu erwecken, zu provozieren, zu destruieren und zu restrukturieren. Wir sind, wie schon früher gesagt, das Subjekt unserer Fragen – unseres Forschens, Suchens, Sehnens – danach, wer wir sind. Es ist unsere Sehnsucht, nicht objektiviert, sondern erkannt zu werden als mehr als das, was wir sind. Der Meister muß durch die Oberfläche hindurch sehen und bei der Erforschung unseres nach Wahrheit und Liebe suchenden Herz-Geistes helfen. Dies kann nur dadurch geschehen, indem man fragt: „Wer bin ich in Beziehung zu dem, was ich nicht bin." Das kann zu Paradoxen führen, zu Widersprüchen und Geheimnissen. Das Suchen und Sehnen des Herz-Geistes kann nur erfüllt werden, wenn wir uns dem unauslotbaren Abgrund überlassen, dem Unverstehbaren, Unwißbaren, in dem unsere Fragen zum Schweigen kommen. Es ist die Stille der Fülle. Das Selbst ist verschwunden in dem Geheimnis, das Gnade ist[32]. Aber es muß in dem Zwischen der menschlichen Beziehungen und in der Tatsächlichkeit der Welt realisiert und bestätigt werden. „Verweile nirgends und laß deinen Geist hervortreten." (21) Der Fluß fließt, so wie er fließt; die Blumen blühen, so wie sie blühen.

Koan, historisch

Ursprünglich waren Zen-Koans solche Lebensfragen. Ein solches Suchen und Fragen ist grundlegend für jeden authentischen spirituellen Weg, aber Zen verfeinerte und schärfte dies zu einer großen Kunst. Nicht nur Worte, alles wurde zu einer solchen Sprache, und der paradoxe, unlogische,

[32] Engl. „the mystery that is graciousness"

ungewohnte Gebrauch dieser Sprache wurde zum Kennzeichen. All dies entsprang der Einsicht, daß Worte die Wirklichkeit nicht erfassen können, daß das Unaussprechbare und Unausdrückbare nur präsentiert werden kann, daß die drängendste Frage ist, wie man die Wirklichkeit hier und jetzt realisieren und Befreiung und Selbst-Verwandlung erlangen kann.

Aber bald wurden die lebendigen und dynamischen Antworten zu Modellen verdinglicht und zu Paradigmen für spätere Schüler. Charisma und Kreativität wurden institutionalisiert, und Koansammlungen, Kommentare zu den Koans und Kommentare zu den Kommentaren wurden veröffentlicht. Zur Zeit der Sung-Periode in China (1127-1279) gaben die Meister alte, wohlbekannte Koans zur Meditation. Viele dieser Koans hatten ihre ursprünglichen Antworten, aber man scheint von den Schülern zu jener Zeit nicht erwartet zu haben, daß sie irgendwelche fixierten Antworten gaben. Es blieb dem Genius der Japaner vorbehalten, die Koans zu einem Trainingssystem zu systematisieren. Daito (1282-1337) scheint mit solchen Systematisierungen begonnen zu haben. Aber es waren Hakuin (1685-1768) und seine Schüler, die die Koans samt festgelegter Antworten kodifizierten, abstuften und arrangierten. Hakuin und seine Schüler erfanden die Koan-Antworten. Viele davon sind wunderbar und sie passen wie der Deckel auf den Topf und sind paradigmatisch; viele von ihnen sind auch künstlich und trivial. Nachfolgende Meister haben versucht, die Antworten zu verbessern oder neue Koans zu erfinden.

Systematisiertes Zen – totes Zen

Das gegenwärtige Rinzai Koan-System ist in zwei Schulen geteilt – sie unterscheiden sich nicht sehr voneinander. Die eine heißt Takuju-Schule, die andere Inzan-Schule. Takuju Kosen (1760-1833) und Inzan Ien (1751-1814) waren Schüler von Torei Enji (1721-1792), der ein direkter Schüler und Mitarbeiter Hakuins war. Es heißt, daß es 1700 Koans gibt. Tatsächlich gibt es jede Menge, und alles und jedes kann in ein Koan verwandelt werden. Große Koans hingegen entspringen den unlösbaren Paradoxen und letzten Fragen des Lebens. Die Systematisierung des Koan-Trainings belebte das Rinzai-Zen neu, aber es zerstörte auch Originalität und Kreativität. Heute gehen Rinzai-Mönche durch hunderte und hunderte von festgelegten Koans mit fixierten und vorgegeben Antworten. Es ist ein Training in erlernter Kreativität und ritueller Routine, und man lernt eine bestimmte Sprache und ein bestimmtes Verhalten. Meist ist es zu einem einstudierten Ausagieren geworden und zu einem Imitieren ohne Realisierung. „Richtige" Koan-Antworten sind ein Dogma im Rinzai-Zen geworden, so wie „richtiges" Benehmen und Ritual im Soto-Zen. Man hört oft, daß jemand Satori erreicht, wenn er das erste Koan durchbricht. Das ist ein Euphemismus. Kaum ein Rinzai-Mönch kommt dadurch zu einem Durchbruch, zur Erleuchtung, daß er Koans „besteht". Natürlich kann es ohne Zweifel Ausnahmen geben. Jemand kann alle die hunderte von Koans durchlaufen und die richtigen Antworten geben, ohne irgendeine Erfahrung des Erwachens. Aber das Koan-Training ist nicht ohne Wert. Es kann ein Training sein, um die Sprache des Zen zu erwerben, und um zu lernen, sich selbst in einstudierter Spontaneität und eingelerntem Verhalten loszulassen. Und es kann einen für ein Erwachen vorbereiten; das Koan-Training nach dem Erwachen kann ein vertiefender, verfeinernder, reinigender Prozeß sein. Wirklich lebendig und lebensspendend wird das Koan jedoch nur für den, der bereits sucht und kämpft. Aber wenn es keinen „Raum" gibt, um den Fragen des Herzens zu lauschen, keinen

Raum für kreatives Forschen und Fragen und für den Dialog, dann kann der Geist nicht wirklich blühen und gedeihen. Dies ist dem institutionalisierten japanischen Zen passiert. Da ist überviel von autoritärem, auf Institutionen fixiertem Verhalten und viel von nahezu sadistischer Härte.

Soto und Koan

Das moderne Soto-Zen in Japan richtet sich bloß auf „Nur-Sitzen" oder Shikantaza und wertet den Gebrauch von Koans für die Meditation ab. Shikantaza als gegenstandslose Meditation ist moderne Soto-Ideologie. In der frühen Geschichte des Soto waren Rinzai und Soto nicht klar voneinander getrennt. Soto-Meister benutzten Koans, und Rinzai- und Soto-Mönche studierten Koans in den Tempeln der jeweils anderen. (22) Es scheint, daß sich seit dem Soto-Patriarchen Menzan (1683-1769) eine bestimmte Abneigung gegen den Gebrauch von Koans im Soto festsetzte. Einige Meister wie Harada Sogaku Daiun (1870-1961) und seine Schüler (Yasutani Haku-un, 1885-1973) in Japan und Taizan Maezumi und seine Schule in den USA sind zur Koan-Praxis zurückgekehrt. Harada Sogaku und Maezumi übten beide mit Rinzai-Meistern.

Der Gebrauch von Koans im frühen Soto scheint sich von der Annäherung des Rinzai ein bißchen zu unterscheiden. Soto-Meister benützten Koan-Sprache und Koan-Handlungen neben dem Koan-Training (monsan) in der geheimen Initiation (kirigami), in Ritualen und Begräbnis-Zeremonien. Hier ein oder zwei Beispiele für den Gebrauch von Koans im Soto des mittelalterlichen Japan, die nach nicht-verbalen körperlichen Gesten (23) als Antwort rufen:

1. *Was ist: „Tozan predigt den Unbelebten den Dharma"?*
Die (nonverbale) Antwort des Schülers:
hustet, sitzt (danach), wartet, sagt nichts;
(dann) schlägt das Kissen zwei-, dreimal.

Lehrer: „Das ist noch zu schwach."
Die (nonverbale) Antwort des Schülers:
mit den Fäusten schlägt er auf die Strohmatte.
Dies ist die Lehre (San) des Tokou (Horyu).

2. *„Wie sitzt (jemand) auf einer hundert Fuß*
hohen Stange?"
Stellvertretende Antwort: „Sitzen in (völligem) Vergessen".

Frage: „Wie kann (jemandes) Körper in allen Richtungen
erscheinen?"
Stellvertretende Antwort:
„Hinaufhüpfen, hinunterfallen".
Frage: „Ein Vers"
„Shinjin datsuraku
Datsuraku shinjin".[33]

Sehr oft antwortete der Lehrer für den Studenten – das heißt, stellvertretend.

Der Gebrauch von Koans im Soto scheint mehr der Lehre und Erklärung gedient zu haben, und es mangelt ihm die aktive Herausforderung und der Dynamismus der Rinzai-Methode.

---

[33] Shinjin datsuraku: Körper und Geist loslassen, datsuraku shinjin: losgelassener Körper und Geist, Dogens Artikulation seiner Erleuchtung

Ein anderes Beispiel:

3. *Lehrer: „Die Bewertung eines Räuchergefäßes (sandame)?"*
Student (non-verbale Antwort):
zeigt auf seinen eigenen Körper
Lehrer: „Und für brennenden Weihrauch?"
Antwort: „Ausatmen und Einatmen."
Lehrer: „Ein Vers?"
„Während ein Bündel Räucherstäbchen brennt,
fasse den Geist."

Einmal geborenes Zen, zweimal geborenes Zen

Heute scheinen die Methoden von Rinzai und Soto einander ziemlich entgegengesetzt zu sein. „Rinzai, der General, Soto, der Bauer", das ist das populäre Bild. Diesen Kontrast charakterisiert Conrad Hyers in „Einmal geborenes Zen, zweimal geborenes Zen" (24). Rinzai-Zen ist ganz Kampf und Ringen, Zweifel und Fragen. Typisch ist Hakuins Anweisung:

„Zu allen Zeiten ***kämpfe*** *in deiner Übung des Zen gegen Täuschungen und weltliche Gedanken,* ***zieh zu Felde*** *gegen den schwarzen Dämon des Schlafs,* ***greife*** *aktive und passive Gedanken, Ordnung und Unordnung, Richtig und Falsch, Haß und Liebe* ***an*** *und* ***schließ dich dem Kampf*** *gegen alle weltlichen Dinge an. Dann, wenn du mit wahrer Meditation vorwärts stößt und* ***heftig kämpfst,*** *wird dort unerwartet wahre Erleuchtung kommen."* (25)

Und auf der anderen Seite Dogen:

„Der Weg ist in hohem Maße perfekt und existiert überall. Weder ist der Weg zu suchen noch zu realisieren. Die Wahrheit, die uns weiterträgt, ist souverän und braucht unsere Anstrengungen nicht… Im wesentlichen ist die Wahrheit dir sehr nahe. Ist es

daher notwendig, auf der Suche nach ihr herumzulaufen? ... Das, was wir Zazen nennen, ist nicht ein Weg, um Konzentration zu entwickeln. Es ist einfach der bequeme Weg. "(26)

Hyers benützt William James' Unterscheidung von „einmal geborenen Menschen" und „zweimal geborenen Menschen"[34], um die verschiedenen Geisteshaltungen zu erklären. Die einmal Geborenen wachsen in heiterer Stimmung, sind von Natur aus gutmütig, optimistisch und akzeptieren die Welt. Die Persönlichkeit der zweimal Geborenen dagegen ist voll von Schuld, Angst, Schrecken, Zweifel, Verzweiflung und Melancholie. Sie sind rastlose Sucher und für sie sind Konversion und „zweimal geboren werden" Durchbrüche und charakteristische Formen der Befreiung. Hyers meint, daß die ersteren zum Soto-Zen tendieren, die anderen zum Rinzai-Zen. So sind es die Psychologie und das Temperament der Übenden, die das unterschiedliche Zen ausmachen. Hyers hält den sanften Weg des Soto-Shikantaza für genauso gültig wie die Rinzai-Methode von Koan und Kensho, und er tendiert dazu, den Soto-Weg für den überlegenen zu halten. Er beendet sein dünnes Buch mit einem Beispiel von jemandem, der Bücher über Rinzai-Zen liest, zum Zen kommt und nach manisch-depressiven Stimmungswechseln, Traumata und apokalyptischen Erwartungen süchtig wird. Schließlich kommt er zum Soto-Zen, sieht die Nutzlosigkeit aller Dramatik und läßt sich in Frieden nieder und nimmt sich selbst an. „Der Lotus erhebt sich aus der Tiefe des Teichs, die Blüte entfaltet sich ins Licht." (27)

---

[34] In seinem klassischen Werk „Die Vielfalt religiöser Erfahrung" (1902) hat der Philosoph William James (1842-1910) Leute, die nach einer christlichen Erweckungserfahrung „wiedergeboren aus dem Geist" sind, als zweimal Geborene bezeichnet.

Ich würde mit Hyers weitgehend übereinstimmen. Aber er übersieht, wie zentral das Fragen und Suchen im menschlichen Leben ist und das Bedürfnis nach Verstehen und Realisieren, und das wird am besten im Koan-Zen aktualisiert. Es ist wahr, in der modernen Einstellung des Rinzai-Zen ist das Koan-Training zum ideologischen Werkzeug für eine feudale, patriarchale Zen-Gesellschaft geworden. Das Reden über den Großen Zweifel, den Großen Tod, den Großen Durchbruch und so weiter nährt nur die Ego-Trips der Schüler, die Dramatik und das Geschichten-Produzieren, und es kann zu Erfolgs- und Aufstiegszwängen führen, zu manisch-depressiven Zyklen und zu Illusionen. Hakuin hat dafür die Bühne bereitet. Er soll gesagt haben: „Ich habe 18 große Erleuchtungen gehabt und meine kleinen Erleuchtungen sind zahllos." Iida Toin Roshi[35] kommentiert das und sagt, daß die ersten 17 Erleuchtungen Fälschungen gewesen sein müssen! Hakuin scheint gerne Geschichten erzählt und Ereignisse dramatisiert zu haben – zum Beispiel seine Geschichte, wie er den alten Mann Hakuyu[36] getroffen hat, ist wahrscheinlich eine Erfindung. Aber die Absicht und der Anstoß von Hakuins Koan-Zen sind solide und wesentlich für die menschliche Reise. Wie kann jemand nicht von der Frage des Herzens und des Lebens ergriffen werden, von dem Woher und Wohin des Lebens, dem Geheimnis des Universums, und von den Fragen nach dem unvorstellbaren Leiden und Übel? „Dunkelheit liegt im Herzen der Psychotherapie" (28). Jeder muß den Koans seines eigenen Lebens gegenübertreten und mit ihnen ringen, so wie

---

[35] zitiert nach einem Teisho von Yamada Koun Roshi

[36] In „Yasen kanna" (1757) erzählt Hakuin von einem Einsiedler namens Hakuyu, der ihn von seiner „Zen-Krankheit" kuriert hat.

Jakob, der die ganze Nacht mit dem Engel gerungen hat[37]. Das traditionelle Koan gibt einen „Ansatzpunkt“ für diese Suche und diesen Kampf. Natürlich variieren die psychischen Höhen und Tiefen von Person zu Person. Der Lehrer muß gegenüber der Dramatik und den Geschichten von Satoris und Durchbrüchen Zurückhaltung und Vorsicht üben. Das Ziel darf nicht irgendeine bestimmte Erfahrung oder eine esoterische Illumination sein, sondern eine authentische Realisierung, die zur Umwandlung des ganzen Seins und Lebens führt.

Lassen Sie mich das an einigen Koans demonstrieren. Ich benutze die Koans und Antworten von „Der Ton der einen Hand: 281 Zen-Koans und ihre Antworten“ (29). Das ist die Übersetzung eines Teils eines japanischen Buchs „Gendai Sojizen Hyoron“, auf deutsch: „Eine Kritik des zeitgenössischen Pseudo-Zen“, veröffentlicht 1916. Es hat deswegen viel Diskussion und Unruhe gegeben. Wenn Zen tatsächlich eine Übertragung „unabhängig von Wort und Schrift“ ist, dann sollte es keinerlei Probleme wegen der Publikation von Koan-Antworten geben. Die Koans und Antworten der ersten beiden Teile der Übersetzung (das Koan „Mu“ und „Der Ton der einen Hand“ und „Vermischte Koans“) sind nahezu – nicht genau, aber nahezu – sogar heute in allen Rinzai- Schulen dieselben. In den meisten Schulen ist das erste grundlegende Koan Joshus „Mu“. Das Koan Mu ist sehr geeignet, jemanden zum vollständigen Loslassen seiner selbst und zu einer tiefen Einsicht zu führen. Doch man kann durch jedes Tor eintreten und der Lehrer sollte sehen, was dem jeweiligen Studenten hilft.

---

[37] Gen. 32, 23-33

Wege der Koan-Praxis

Was ist dein ursprüngliches Gesicht, bevor du geboren wurdest?

Lassen Sie mich aus den „Vermischten Koans" zitieren:

„Dein ursprüngliches Gesicht – das Gesicht, bevor du von deiner Mutter und deinem Vater in die Welt gebracht wurdest: Was ist dies?"

Antwort: „Der Schüler legt beide Hände auf die Brust und steht auf."

„Dein ursprüngliches Gesicht/Selbst" ist ein wohlbekanntes Koan.[38] Es stellt dir die grundlegende Frage: Wer bist du wirklich und letztendlich? Bist du nur ein Ding auf der Welt, das heute kommt und morgen geht? Bist du nur deine Geschichte, dein sozialer Status und deine physische Form, oder bist du mehr als das? Oder bist du nur deine Beziehungen, deine Lieben, deine Freundschaften? Wer bist du vor der Welt, vor den anderen, und für dich selbst? Nangaku Ejo (677-744) kam, um den Sechsten Patriarchen, Eno (637-713), zu besuchen. Und der fragte ihn: „Wer ist dieser, der da so kommt?" Nach acht Jahren der Suche und des Kampfes kam Nangaku zum Erwachen und gab die Antwort: „Was immer ich sage, daß ich bin, wird den Punkt verfehlen – das genau ist das wirkliche ‚Ich'." Die Person oder das Selbst kann nicht durch Begriffe oder Bilder eingefangen werden – es ist nicht eins, es ist nicht zwei, es ist nicht nicht-dual; es ist nicht gleich, es ist nicht unterschiedlich, weder das Gleiche-in-Verschiedenheit noch Verschiedenheit-in-Gleichheit. Frageworte wie „Was? Wer? Wie? Woher?" zeigen auf die ultimative Wahrheit der Soheit.

---

[38] Mumonkan Nr. 23

Wie Dogen in diesem Fall bemerkt: „Das ‚Was' ist kein Fragewort; es ist das ‚Kommen der Soheit'." (30) Diese Worte deuten auf das Unausdrückbare und drücken es aus, das Nichtwissbare, das Nichtnennbare. Es sind Äußerungen, ohne daß irgendetwas behauptet wird. Die Frage hebt dich aus deiner eingewurzelten Position heraus; laß dich nicht in irgendwelchen Ideen, Meinungen oder Behauptungen nieder. Sie fordert dich heraus, das Formlose Selbst zu realisieren, dein Ursprüngliches Gesicht; aber das Formlose Selbst ist nichts anderes als die Form gerade dieses Selbst hier und jetzt.

Die Realisierung der Leere ist zentral für das Erwachen – es ist ein Erwachen zur Realisierung des Unbegreifbaren und des Mysteriums des eigenen Selbst und der gesamten Wirklichkeit; aber zuerst erwacht man zu sich selbst als leer und als eins mit der ganzen Welt. Dies ist Rinzai's „Person ohne Rang". Aber wie Dogen zeigen würde, hält sich alles und jedes in seiner eigenen Dharma-Position auf, und nichts oder niemand kann behaupten, „ohne Rang" zu sein. „Kein Aufenthaltsort" und „kein Rang" bedeutet, man soll nicht an Begriffen anhaften. Und man realisiert das „kein Rang" nur dadurch, daß man sich selbst in Beziehungen und Positionen verliert. Das Formlose Selbst aktualisiert und präsentiert sich selbst im Handeln und Sich-Beziehen. Form ist Leere, Leere ist Form. Das findet in Zen-Wortwechseln und Dialogen statt, im Samadhi der selbsterfüllenden Aktivität, jijuyu zammai, und in totaler Anstrengung (**gujin**).

Struktur und Anti-Struktur

Lassen Sie mich ein paar Worte sagen über die psychosoziale Dimension der menschlichen Formierung und Transformierung, die auf Zen und auf alle anderen authentischen spirituellen

Wege zutrifft. „Formation“ und „Transformation“ sind Ausdrücke, die Rosemary Haughton gebraucht (31). Ich möchte die soziologischen Begriffe „Struktur“ und „Anti-Struktur“ verwenden. „Struktur“ bezieht sich auf Formierung, Training, Erziehung, Disziplin, Samadhi, Selbst-Aufbau, Selbst-Bejahung. „Anti-Struktur“ bezieht sich auf Konversion, Selbst-Verlust, Sterben, Verwandlung. Es ist „plötzlich“ und subversiv, es ist das Zerbrechen der Struktur, von Kontinuität und Wohlbefinden. Das Herz des Zen ist dieses Zerbrechen und Loslassen, Sterben und Sich-selbst-hingeben. Gesetz, Institution, Selbst-Identität werden in der Anti-Struktur oder der Verwandlung weggenommen oder versagen. Es bedeutet, in den Grenzzustand von „weder das eine noch das andere“ zu gehen, ins Nirgendwo. Verwandlung findet aus diesem Nichts heraus statt, es ist **creatio ex nihilo,** und es wird eine neue Schöpfung sein, ein neues Sein. Formierung und Transformierung, Struktur und Anti-Struktur benötigen sich gegenseitig. Was hier beschrieben ist, das ist die Dimension der Erfahrung des Zen und der Koan-Arbeit, und sollte nicht mit der ontologischen und religiösen Wirklichkeit als solcher gleichgesetzt werden.

Die Bewegung von Struktur und Anti-Struktur, von Formierung und Transformierung findet im Koan-Zen im Zusammenhang der Beziehung und im Dialog zwischen Meister und Schüler statt. Das ist schon dort erwähnt worden, wo es um Fragen und Suchen ging. Der Zen-Austausch zwischen Lehrer und Schüler ist dialogisch, und sehr oft „rhethorisch“ und „performativ“, mehr in Richtung Transformierung als Formierung. Der Schüler kommt oft zum Meister, um bestätigt zu werden oder sich selbst zu bestätigen, und der Meister muß ihm helfen, solche nutzlosen Anstrengungen sein zu lassen und über solche Ansprüche, Kontrollen, Manipulationen, Erwartungen usw. hinauszugehen. Und vor allem ist es das raison d’être des Meisters, dich zum Erwachen des Formlosen Selbst zu bringen. Der Meister kann dir das nicht geben. Keine Anstrengungen können das bewirken, und auch deine Arbeit nicht. Aber deine Anstrengungen und das Warten und die Erwartung des Meisters sind nicht vergeblich. Wenn es „geschieht", dann kommt es, wie Tillich sagt, als „Gnade", in Hingabe und Eins-Sein. Es ist Freiheit von dir selbst und eine Freiheit, du selbst zu sein, selbstlose Offenheit und Mitfühlen. Unglücklicherweise ist der Zen-Austausch oft als Kampf dargestellt worden, in dem jede Partei versucht, die Oberhand über die andere zu gewinnen, und der Meister hält wie üblich alle Karten in der Hand. Das ist die Beschreibung der Krankheit als Heilmittel!

Authentisierung oder ein Spiel spielen

Der Ausdruck und die Präsentation deiner Realisierung dem Meister gegenüber sind wesentlich für die Authentisierung. Tatsächlich sind das Präsentieren und Aktualisieren deiner selbst im Dialog selbst eine Realisierung und Authentisierung. Diese Realisierung-Authentisierung muß für dich noch weiter im alltäglichen Leben getestet und bestätigt werden. Aber der Kern des Dialogs mit dem Meister ist hier und jetzt. In diesem Dialog wird die Identität des erwachten Selbst mit dem präsentiert, wozu es erwacht ist, hier und jetzt in der Nicht-Dualität von Selbst und Welt. Es heißt, sich selbst zu verlieren, immer und immer wieder, und indem man sich selbst verliert, sich selbst zu finden. Es ist nicht so sehr die Frage, **was**, als **wie** es präsentiert wird. Das **Wie** ist die Authentizität deiner Realisierung und auch deine Freiheit, deine Spontaneität und dein Mitgefühl.

Eine tiefe Realisierung wird frei fließen in Authentisierung-Aktualisierung. Aber man muß auch die Zen-Ausdrucksweise und -Sprache lernen. Der koreanische Zen-Meister Seung

Sahn spricht von drei von Arten von Erleuchtungs-Antworten. Wenn man zum Beispeil auf die Frage: „Was ist das?", bei einem Apfel antwortet: „ein Apfel", kann das bedeuten, man ist durch den Namen gefangen; wenn man sagt, „kein Apfel", kann das heißen, man haftet an der Leere. Auf der anderen Seite, wenn man auf den Boden schlägt und „katsu!" schreit, wirft man alle Namen und Nicht-Namen weg und präsentiert Leere. Es wird „die erste Erleuchtung" genannt. Dann kommt „die ursprüngliche Erleuchtung". Hier antwortet man: „Der Himmel ist blau, das Gras ist grün, die Mauer ist weiß, der Apfel ist rot". Es sind „So wie"-Antworten, und das bedeutet, daß die Dinge so sind, wie sie sind; es ist „Drei mal drei ist neun". Die dritte Stufe ist die „endgültige Erleuchtung": man nimmt den Apfel und beißt davon ab. Dies ist eine „So ist es"-Antwort (32).

All dies ist hilfreich, aber da besteht die Gefahr, daß die Handlungen und Antworten stereotyp und blind werden. Das kann Zen und Zen-Dialoge auf Taktiken, Tricks, Techniken und Kniffe des Spiels reduzieren. „Korrekte Antworten" müssen keine authentische Realisierung sein.

Zen-Meister Rinzai sagt über seine „Vier Positionen":

„Manchmal nimmt er die Person weg, aber nicht die Umgebung. Manchmal nimmt er die Umgebung weg, aber nicht die Person. Manchmal nimmt er beides weg, die Person und die Umgebung. Manchmal nimmt er weder die Person noch die Umgebung weg." (33)

Bei diesen „Positionen" geht es sowohl um den Prozeß des Lehrens als auch um die Stufen und Schritte der Erleuchtung. Und sie handeln auch davon, wie jemand den Weg betritt. Das Selbst kann vergessen sein, und dann tritt man durch die Umgebung ein. Oder die Umgebung kann vergessen sein, und dann tritt man durch das Selbst ein. Oder beides, Selbst und Umgebung können transzendiert werden. Oder man kann sich bewegen und es frei in der Soheit von Selbst und Welt realisieren. Tozans „Fünf Stände" sind auch ähnlich, aber verfeinerter und detaillierter.

Es gibt Ebenen und Stufen der Erleuchtung, und deine Antworten werden oder müssen in Übereinstimmung mit diesen Ebenen sein. Die Antworten müssen stimmen und angemessen sein. Wenn man zu einer tiefen authentischen Realisierung kommt, dann wirft man Koans und Koan-Antworten weg und wird frei zwischen Himmel und Erde gehen.

Koan im Traum

Ein anderes Koan und seine Antwort:

„Wenn dich jemand im Traum fragt, warum unser Gründer aus dem Westen kam, wie wirst du antworten? Wenn du das nicht beantworten kannst, dann hat die Wahrheit des Buddhismus keine Wirkung für dich."

Antwort: Der Schüler schnarcht, „zzzz ... zzzz", und imitiert jemanden, der tief schläft.

Oder: Wenn der Schüler bei bestimmten Meistern wie oben antwortet, dann werden diese sofort nachfragen, „Glaubst du, daß das eine Antwort ist?" Antwortet der Schüler, läßt ihn der Lehrer durchfallen. Wenn der Schüler wortlos weiter vorgibt zu schlafen, dann läßt ihn der Meister passieren."

Die „Bedeutung von Bodhidharmas Kommen aus dem Westen" ist eine Zen-Phrase, die „die Essenz des Zen", d.h. „die absolute Wirklichkeit", bedeutet. Was kann der absolute Sinn sein, wenn du schläfst, getrennt von der Situation, in der du bist? Rinzai sagte, wenn Bodhidharma mit seinem Kommen aus dem Westen einen Zweck gehabt hätte, dann hätte er sich nicht einmal selber retten können. Das Absolute kann nicht ein Objekt sein, das dem konkreten Hier und Jetzt gegenübersteht. Und du, so wie du bist, bist Du im Zentrum der grenzenlosen Wirklichkeit. Kannst du dich selbst deinem Hier und Jetzt völlig hingeben und dich selbst in Soheit präsentieren? Die Koan-Antwort muß bildhaft sein, nicht vorgestellt, um der Koan-Situation zu genügen. Du bist Offenheit und Leere und kannst in der Imagination in alle Bereiche und alle Möglichkeiten gehen.

Das ist nicht nur ein So-tun-als-ob. „Imagination ist Wirklichkeit“ (34). Es ist weder nur eine vorgestellte Phantasie noch ist es eine sogenannte Tatsache. Nimm die Koans und ihre Antworten nicht **wortwörtlich.** Bleib nicht bei sogenannten „richtigen“ Antworten stecken. Gleichzeitig mußt du exakt sein und mit deiner Antwort den Punkt treffen. Nun, wie wirst **du** auf das Koan antworten?

Double-binds und sich befreien

„Ohne deine Hände zu benützen, mach mich aufstehen.“

Antwort: Der Schüler steht auf und geht zwei oder drei Schritte.

„Ohne den Deckel von der Proviantdose zu nehmen, sag, was drin ist.“

Antwort: Der Schüler gibt vor, den Deckel von der Proviantdose zu nehmen und sagt: „Ah, Reis-Kuchen! Danke schön!“

Es gibt viele solche Koans, z.B.: „Sprich, ohne deinen Mund zu öffnen“, oder: „Gehe, während du auf einem Ochsen reitest.“ Zunächst einmal befassen sich diese Koans mit unserer soziopsychologischen Situation, mit double-binds, d.h. mit widersprüchlichen Geboten und Verboten. Seit unserer Kindheit sind wir in solchen widersprüchlichen, aber unausgesprochenen und ungeprüften Befehlen und Urteilen gefangen. Der Kern davon liegt in der Vermischung von Botschaft und

Kontext. Zum Beispiel: Eine Mutter schreit ihr Kind ärgerlich an. Ist der Kontext liebendes Akzeptieren oder Haß und Ärger? Das produziert in uns krankhafte Überzeugungen und Emotionen, die uns in einer Situation einsperren, in der wir in jedem Fall verlieren. Oder zum Beispiel: Sei spontan, liebe mich freiwillig, sei du selbst. Wenn man solchen Anweisungen folgt, verliert man, wenn man ihnen nicht folgt, verliert man auch. Viele von uns sind von diesen irrationalen und unmöglichen Ansprüchen und Überzeugungen gefangen. Entweder resignieren wir, und bleiben passiv, im Konflikt und fühlen uns nutzlos, oder wir schlagen weiter mit unserem Kopf an die unbewegliche Wand, bis wir zusammenbrechen und fallen. Oder wir können zornig werden und Rebellen, die alles ablehnen. Das Koan fordert uns heraus, frei aus der Falle hervorzugehen – so wie Isan aus der Falle, die ihm Hyakujo gestellt hat[39], oder Joshu aus Nansens Falle[40]. Diese Fälle sind nicht wirkliche double-binds, aber sie schaffen Pseudodilemmas und illusionäre Alternativen in den Schülern. Die Antwort muß nicht zurückweisend, negativ sein, denn das wäre nur eine Bestätigung der Falle, sondern eine kreative und freie Antwort, die den üblen Geist des Kontexts „aufhebt“ (im Hegelschen Sinn) in eine befreiende, neue Geburt.

Zweitens ist die tiefere Dimension der Koans die sogenannte „Wesentliche Welt“. Es ist die Realisierung, daß „von Anbeginn an überhaupt nichts ist“. Wie das Herz-Sutra sagt, in der Leere ist keine Form, kein Gefühl, usw. Die fünf Skandhas[41] sind leer; Form ist Leere. Aber dieses „Von Anbeginn ist

---

[39] Mumonkan Nr. 40

[40] Mumonkan Nr. 14

[41] Skandha „Gruppe, Anhäufung“, die fünf Aspekte, aus denen das, was als Persönlichkeit angesehen wird, nach buddhistischer Lehre besteht: Körperlichkeit, Empfindungen, Wahrnehmungen, psychische Gestaltungskräfte (Wille), Bewußtsein.

überhaupt nichts" kann nur durch „Leere ist Form" realisiert werden. Hänge nicht an der Idee der Leere. Wenn du in Form eintrittst, realisierst du Leere.

Wissen und Sein

„Dreh' den Schalter des Himmels und laß' die Achse der Erde sich drehen."

Antwort: Der Schüler macht vor dem Meister einen Purzelbaum.

„Wie alt ist Amida Buddha?"

Antwort: „So alt wie ich."

[Eine bessere Antwort wäre: Ich bin xx Jahre alt.]

„Laß den Fuji-Berg drei Schritte tun."

Antwort: Der Schüler steht auf und macht drei Schritte.

Das braucht keine weiteren Kommentare. Die Antwort weist auf die Realisierung, daß das leere Selbst der Berg, die Flüsse und die ganze Erde ist. Es ist ein „Wissen", in dem die zwei Eins werden. In der Einheit des Selbst mit dem anderen liegt wahres Wissen. Solch ein Selbst ist ein Nicht-Selbst oder leeres Selbst. Es ist Realisierung, keine Ego-Inflation, und es ist auch kein Begriff oder eine bloße Emotion. Manchmal denken Leute, wenn man mit dem „einspitzigen Samadhi" eins ist, daß man dann zu dem Namen wird, den man hört, oder zu dem Bild, das man sieht, usw., und daß das die Art ist, wie man Koans beantworten soll. Das „einspitzige" oder „positive Samadhi" ist gut und muß kultiviert werden. Aber das Samadhi selbst ist keine Realisierung. Denn wenn das so wäre, dann würde das die Realisierung zu einem bestimmten Geisteszustand reduzieren. Realisierung liegt vor allen besonderen Zuständen und Bedingungen und ist deren Basis. Doch ob du nun in der Realisierung bist oder nicht, das Koan-Training kann dir helfen, deine Emotionen, deine Sensibilität, dein Denken und Verhalten umzuerziehen und in neue Bilder zu bringen.

Koans sind Symbole. Sie sind vielschichtig und vieldeutig, offen für endlose Möglichkeiten, Tiefen und Varianten. Sie sollten weder buchstäblich genommen werden noch als bloße Probleme, die man lösen oder passieren muß. Alle die traditionellen Koans *(kosoku koan)* laufen schließlich auf das Koan hinaus, das im Leben realisiert werden muß *(genjo koan)*. Das Leben ist dein Koan; du bist das Koan. Das entspricht Dogens Sicht der Koans, schreibt Hee-Jin Kim, und lassen Sie mich damit dieses Kapitel schließen: „Für Dogen funktionieren Koans nicht nur als Unsinn, der den Verstand züchtigt, sondern als Parabeln, Allegorien und Geheimnisse, die den Horizont der Existenz entfalten. In diesem Sinn werden sie verwirklicht, nicht gelöst." (35)

4. Kapitel

Zen – eindimensional, zweidimensional, drei..., vier...

Es gibt im Westen viele Zen-Meister, die Zen lehren. Sie gelten als erleuchtete Meister, die das wahre Dharma übertragen. Ich habe einige von ihnen getroffen. Es gibt viele Zen-Meister in Japan, und von den japanischen Zen-Meistern nimmt man an, daß sie sich in Prajna Paramita[42] aufhalten und völlig erwachte Patriarchen sind. Ich habe einige von ihnen getroffen, aber ich habe selten wahrhaft und authentisch erleuchtete Lehrer getroffen. Sicherlich hatten nahezu alle von ihnen einiges an Erfahrung und Einsicht. Manche von ihnen sind auch in der Arbeit mit Koans gut. Die Teil-Einsicht und genauso die technischen Fähigkeiten steigen ihnen oft zu Kopf. Und weil sie einiges an Einsicht haben, sind die Leute von ihnen fasziniert. Dies ist die große Gefahr, wenn man halbe Wahrheiten für die Wahrheit hält und seinen Weg verliert.

So eine Kritik ist nicht neu im Zen. Nahezu seit den Anfängen des Zen haben Zen-Meister und Schüler die Tradition und die Lehrer in Frage gestellt und kritisiert. Doch sie beklagten nur das mangelhaft erwachte Auge der Lehrer, aber sie halfen uns weder zu verstehen, wie und wo die Lehrer versagten, noch nach welchen Kriterien sie urteilten. In den Zen-Dialogen und Wortwechseln wurde eine schnelle Erwiderung als Test benutzt, und jemand, der schlagfertig war und sich als der Überlegenere behaupten konnte, wurde zum Sieger

[42] Prajna paramita: vollendete, höchste Weisheit, eine der Vollkommenheiten des Bodhisattva-Wegs.

erklärt. Die Erfahrung der Erleuchtung selbst kann wie der Geschmack von Tee nicht in noch so vielen Worten mitgeteilt werden. Jedoch kann erleuchtete Realisierung artikuliert und aufgewiesen werden, und der Bewegungsprozeß und die Früchte davon können beschrieben werden. Ohne eine solche Artikulation kann es keine Führung geben, und die Realisierung selbst wird nicht möglich sein.

Erwachen ist Realisierung, nicht Erfahrung

Über das Wort „Erfahrung“ muß einiges gesagt werden. Die Berufung auf Erfahrung wurde zuerst von der Aufklärung postuliert, die sich auf die Autonomie der Vernunft gegen die Autorität der Kirche und der Bibel berief. Heute bedeutet „Erfahrung“ etwas sehr verschiedenes und hat so nahezu die Bedeutung verloren. „Erfahrung“ ist zur rhethorischen Beschwörungsformel geworden, um die eigene Position oder das eigene Bedürfnis zu rechtfertigen. Authentische menschliche Erfahrung ist Erfahrung, die konstruiert und interpretiert ist. Es gibt keine Fakten, außer durch Interpretation. Jedoch kann das Wort „Erfahrung“ auf die Dimension unserer Lebensrealität deuten, die nicht unter unserer Kontrolle ist, wie z.B. unser Gewahrsein des Körpers, unserer Gefühle, unseres Gewissens und so weiter. Aber das grundlegende Gewahrsein dieser Wirklichkeiten hat Sinn und Bedeutung nur im Kontext unserer Werte, unseres Verstehens, unserer Urteile und Entscheidungen. Menschliche Wesen werden nur durch Sprache, Symbole, Sinn und Werte zu Menschen. Dadurch ergeben sich die Fragen: Welcher Sinn? Wessen Werte? Wie realisiert man diese? Die Fragen nach Ideologie und Macht sind da nicht weit weg. Tradition und Gesellschaft sind der Kontext und das Milieu.

Manche mögen irrtümlicherweie denken, daß der Osten – Hinduismus, Buddhismus, Zen – das Land der Erfahrung ist, während der Westen und das Christentum nur von Theorien leben. Sie verstehen nicht, daß im Osten die sogenannte Erfahrung oft das Ergebnis einer Doktrin ist, und nicht umgekehrt. Robert M. Gimello schreibt über buddhistische Spiritualität:

„Mystik ist im wesentlichen immer mit den tieferen Glaubensannahmen und Werten der Tradition, der Kultur und des historischen Milieus verbunden, in dem sie beheimatet ist; sie hängt von ihnen ab und fördert sie... Die Spiritualität eines buddhistischen Mystikers wird wesentlich durch seinen Buddhismus formiert, d.h. durch seinen buddhistischen Glauben, seine buddhistischen Handlungs- und Sprechgewohnheiten und seine buddhistischen Gemeinschaften...“ (1)

Erfahrung ist jedoch zu einer Bezeichnung für die Dimension der Authentizität jenseits bloßer Doktrinen oder Ideen geworden, für ein „in Berührung sein“ mit sich und der Welt. Dies kann der positive Beitrag des Wortes sein, läßt sich aber auch leicht mißbrauchen. Die Menschen verlangen gewöhnlich nach Erfahrungen, aber „eine Erfahrung zu haben“ ist keine große Sache: ein fester Schlag auf den Kopf, eine Dosis Drogen, zuviel Sauerstoff oder zuwenig. Autosuggestion oder Hypnose können einem große „Erfahrungen“ geben. Manchmal reden Leute leichtfertig davon, „eine Erfahrung der Leerheit“ gehabt zu haben. Wer war da, der diese Erfahrung gehabt hat? Wo war der Beobachter? D.T. Suzuki selbst begann, den sogenannten Erfahrungen zu mißtrauen und kommentierte Drogenerfahrungen so:

„Entscheidend ist nicht die Erfahrung selbst, sondern derjenige, der erfährt, oder was Rinzai ‚den Meister hinter allen Erfahrungen‘ nennt.“ (2)

„Der vierte Patriarch des Zen sagte: ‚Die Praxis der Bodhisattvas hat Leere als ihre Realisierung. Wenn Anfänger Leere sehen,

dann ist das ein ‚die Leere sehen', es ist keine wirkliche Leere. Jene, die den Weg kultivieren und wirkliche Leere erlangen, sehen weder Leere noch Nicht-Leere. Sie haben keine Ansichten." (3)

Angesichts all dieser Probleme ist es besser, den Ausdruck „Realisierung" statt „Erfahrung" zu verwenden, „Realisierung der Erleuchtung" oder einfach „Realisierung".

„Der andere Fehler, was Realisierung betrifft – abgesehen davon, sie mit dem Verstehen einer Lehre gleichzusetzen – ist, sie mit Erfahrung zu verwechseln. Erleuchtung ist keine Erfahrung... Man kommt dazu in einer Erfahrung, aber sie darf nicht als eine bestimmte Erfahrung oder als bestimmter Erfahrungstyp identifiziert werden. Am besten versteht man sie in einer Doktrin ausgedrückt als die Realisierung, daß eine nicht-substantielle Einheit die Natur aller Dinge ist. Aber das darf nicht auf ein bloßes Verstehen der Doktrin reduziert werden. Wenn es ein üblicher Fehler in Zen oder Shin-shu[43] *ist, Realisierung mit einer Erfahrung zu identifizieren, der man dann nachjagt, ist die andere Art von Fehler vor allem im Theravada*[44] *vorherrschend.*" (4)

Realisierung impliziert die Dimension der Erfahrung genauso wie Verstehen und Überzeugung. Das bedeutet „Erwachen" mit: Gewahrsein, Einsicht, Bewußtheit. Erleuchtung geschieht in Erfahrung und Überzeugung als Realisierung und Authentisierung. Für Dogen sind Intimität und sprachliche Artikulation das Wesentliche des Erwachens und der Übertragung. Sprachliche Aktivitäten sind gerade die Arbeitsweise des Zazen, das Nicht-Denken selbst, und Vernunft, nicht Beredsamkeit, ist ausschlaggebend, um den Weg zu erreichen.

---

[43] Shin-shu: Reiner-Land-Buddhismus; gehört wie Zen zum Mahayana-Buddhismus. Nach der Lehre des Shin-Buddhismus sind alle durch das ursprüngliche Gelübde des Buddha Amida bereits gerettet; wer vertrauensvoll den Buddha-Namen rezitiert, erfährt den Eintritt ins Reine Land.

[44] Theravada, wörtlich: „Der Weg der Älteren", Buddhismus Süd-Ost-Asiens, bewahrt Traditionen des ältesten Buddhismus

„Erleuchtung liegt nicht so sehr darin, die sprachlichen und begrifflichen Aktivitäten zu transzendieren, als sie zu durchdringen und für sie transparent zu sein... läuft nicht die Entfremdung der Sprache vom Blickpunkt der Erleuchtung auf eine andere Form von Dualismus hinaus?.. Dogens Sicht der Zeitlichkeit deutet auf die Möglichkeiten einer Sprache der Realisierung hin (einer magischen, performativen Sprache, im Gegensatz zur objektivierenden, hinweisenden, wenn man möchte).“ (5)

Kein Buddha, kein Gott, kein Selbst

Nun lassen Sie uns zurückkommen zu unserem Thema der Stufen und Phasen der Erleuchtung. Nach dem Avatamsaka-Sutra des Mahayana-Buddhismus gibt es 52 Stufen der Erleuchtung.[45] Ich möchte die inneren Prozesse und Stufen, nicht den Inhalt als solchen nachzeichnen. Wenn ich die Stufen beschreibe, dann heißt das nicht, daß ich Schritt für Schritt diese Stufen gehe, und auch nicht, daß jemand notwendigerweise dieser Stufen gewahr wird. Was als viele Ebenen beschrieben werden kann, mag nur ein einziger Streifen Licht sein. Ich versuche, ihn in die verschiedenen Farben des Spektrums aufzufächern. Man sollte diese nicht als festgelegte, rigide Strukturen auffassen; es gibt ein hin und her, hinunter und hinauf, Fortschritt und Rückschritt. Wie bei moralischen und psychologischen Entwicklungsstadien kann jemand in einem mehr entwickelten oder höheren Zustand die Stadien unterhalb verstehen, aber nicht umgekehrt.

In einem bekannten Zen-Spruch heißt es „Vor der Erleuchtung sind Berge Berge und Bäume Bäume.“ Du bist du,

[45] Vgl. Kap. 1, Anm. 25. Am Ende ist der letzte Schritt in diesem Prozeß zugleich der Anfang: dafür steht Manjusri, der Buddha der Weisheit

Gott ist im Himmel, Menschen auf der Erde. Menschen, Gott, Buddha-Natur, Selbst, Ego, all dies sind unterschiedene substantielle Realitäten, die einander gegenüberstehen und ihre getrennten Identitäten und Domänen behalten. Die eigene Identität steht der anderen gegenüber. Dies ist der Zustand von „Gier, Haß und Illusion". In der ersten Stufe des Erwachens, wenn „Berge nicht Berge, Bäume nicht Bäume" sind, findet das sogenannte „Zurückziehen der Projektionen" statt. Man nimmt wahr, daß alle die eigenen Ideen, Begriffe, Bilder der absoluten Wirklichkeit, von Gott, Selbst, Buddha-Natur, ihre Unterscheidung und Trennung nur Objektivierungen und Vorstellungen von dem sind, was jenseits von Vorstellung und Objektivierung ist. Mit dieser Realisierung fällt unsere „Welt" zusammen, und damit verschwindet unser Gefühl von Sicherheit, das sich auf solche „Objekte" stützt; die Wirklichkeit ist nicht „da draußen", Buddha-Natur ist kein Ding. Keine dieser absoluten Realitäten kann man sehen oder sie berühren, sie sind keine Objekte inmitten der Objekte der Welt – da ist keine „harte Realität" in diesen Begriffen. Sie erweisen sich als Phantome und Luftschlösser. „Die Umgebung ist weggenommen, der Mensch bleibt zurück" heißt es in der ersten Position von Rinzai[46]. Es gibt keine Objekte da draußen! Nicht-Gott, Nicht-Buddha, Nicht-Dinge. Der Grund ist uns unter den Füßen weggezogen worden. Da ist Nichts (no-thing). Dies ist das Stadium von „Wenn du den Buddha triffst, dann töte ihn", „wenn du Gott triffst, dann töte ihn". Laß alle Objektivierungen der absoluten Wirklichkeit los. Steh auf deinen eigenen Füßen, steh allein – „Ich allein bin der Heilige" (6). Es ist eine notwendige und wichtige Stufe des Erwachens. Du wirfst alle unterdrückenden

[46] Vgl. dazu z.B. Izutsu, Philosophie des Zen-Buddhismus, Reinbek/Hamburg, 1979, S. 50 ff.

Idole der Götter weg – sie waren deine illusionären Alpträume. Aber es gibt hier auch die Gefahr der Ego-Inflation: „Ich bin Gott", „Ich bin Buddha", „Ich bin das Maß aller Dinge".

In der nächsten Phase erwacht man zur Realisierung, daß es auch in einem selber keinen Grund gibt. Das Gefühl dafür, wer und was man ist, war bisher in der Beziehung zur Welt und zu den anderen begründet und selbst im Gefühl der Abwesenheit des anderen. Man realisiert, daß das Gefühl eines sicheren, eigenen Selbst nur ein Traum, ein Phantom, eine Illusion ist. Es ist bloß ein einander widerstreitendes, unterbrochenes, endloses Erscheinen und Verschwinden von Empfindungen, Ideen, Bildern und Emotionen. Äußerste Grundlosigkeit. Kein Ding da, um sich festzuhalten. „Mensch und Umgebung sind weggenommen", um Rinzais Dritte Position zu benützen. Man mag verzweifelt versuchen, die Kontrolle wieder zu bekommen. Aber der einzige Schutz und die einzige Sicherheit bestehen darin, das Kontrollieren und die Suche nach Sicherheiten loszulassen. Man muß lernen, loszulassen und sich hinzugeben. Keine Manipulationen, kein Erreichen und kein Kontrollieren; keine Anhaftungen, kein Davonlaufen: nur Nicht-Handeln; Sein-Lassen.

Nichtwissen, Geheimnis und Soheit

Man tritt in die „Dunkle Nacht" ein. Es ist der Beginn der Realisierung, daß man wirklich nicht weiß, was die absolute Wirklichkeit ist, was Buddha-Natur oder das Selbst oder Gott oder die Welt letztendlich ist. Um hier Jules Monchanins[47]

[47] Jules Monchanin, französischer Benediktiner, der in Indien als Sanyasin lebte. Pionier des christlich-hinduistischen Dialogs

Worte über Gott zu benützen: *„Gott ist anders als alles andere, und wer Ihn so kontemplieren will, wie Er in sich selbst ist, muß nicht nur die Ebene der Bilder überschreiten, sondern auch die Ebene der Begriffe – unsere letzten und gefährlichsten Idole.“* Nach der christlichen apophatischen[48] Tradition ist Gott „nicht zu definieren, nicht zu benennen, nicht erkennbar, nicht auszusagen, nicht zu verneinen, frei von allem und alles übersteigend.“ (7)

Nicht nur Gott, Buddha-Natur oder Nirvana, sondern auch das Selbst sind nicht erkennbar und unaussprechlich. Das Selbst ist „leer“. Kaiser Wu von Liang fragte Bodhidharma: „Wer bist du?“ Bodhidharma erwiderte: „Ich weiß nicht.“ (Hekiganroku Nr. 1). Buddhas und Patriarchen wissen es nicht; Sonne und Mond scheinen nicht darauf. Nicht nur das Selbst, jedes und alles sind letztlich „Ich weiß nicht“, eine Dunkelheit und ein Geheimnis. Es ist die Realisierung äußerster Grundlosigkeit; die Leere des Selbst (**ninku**) und die Leere aller dharmas oder Dinge (**hokku**). „Von Anbeginn gibt es überhaupt nichts.“ Das ist nicht bloß ein intellektuelles Verstehen und nicht einfach Unwissenheit. Zuerst fühlt es sich an wie eine negative und erschreckende Leere, aber wenn jemand in diese Dunkelheit eintritt und sich dem Geheimnis hingibt, dann wird die Dunkelheit selbst Licht und Gnade. Das Geheimnis, das gnädig ist – dies ist das Herz der Wirklichkeit, das Herz des Universums; genau dein Herz und dein tiefstes Selbst. Aus dieser Leere strömen die zehntausend Dharmas hervor. Das Selbst ist bedingungslos bejaht, läßt sein, und ist so alles und jedes. Hogen[49], in die Ecke getrieben in seinem

---

[48] apophatisch, griech.: „verneinend“: die apophatischen Theologie verwendet die Methode der via negativa, d.h. alle Aussagen über Gott werden verneint (Gott ist nicht gut, usw. bis Gott ist nicht Gott)

[49] Hogen Bunèki, (chin.: Fa-yen Wen.i, 885 – 985), Begründer des Fa-yen-Hauses des Chán

Bemühen, die absolute Wirklichkeit zu verstehen, soll zum Meister gesagt haben: *„O Meister! Ich bin jetzt in einer Situation, in der die Sprache zum Schweigen gebracht ist und das Denken keinen Weg mehr hat, dem es folgen kann.“ Der Meister bemerkte: „Wenn du noch immer über die absolute Wirklichkeit sprichst, sieh, wie sie nackt und offen in allem und jedem gleicherweise erscheint!“* (8) Alles und jedes **präsentiert** sich selbst. Die Soheit der Wirklichkeit, die Ist-heit von jedem und allem ist die Präsentation der Leere.

Leere bezeichnet viele Dimensionen, besonders Selbst-Entäußerung, Loslassen, Sterben; das Eindringen in Dunkelheit und Nicht-Wissen; die Soheit und Ist-heit der Wesen. Sie sollte nicht mit einer Bedingung oder einem Zustand oder einer Bestimmung identifiziert werden; sie ist weder ein Ding, noch der Zustand des Nicht-Denkens, noch der Zustand der Einheit gegenüber der Vielheit, noch ein Zustand der Spontaneität, noch irgendein Stand-Punkt. Leere ist jenseits aller Sprache und Worte, und sie ist gleichzeitig alle Sprache und Worte. „Was jenes anbelangt, das früher ist als das Wort darüber, haben uns selbst die tausend Heiligen keinen einzigen Satz überliefert.“ (Engo Zenji im Fall Nr. 7 des Hekigan-Roku). Es ist eins und viele, Dualität und Nicht-Dualität, Denken und Nicht-Denken, Spontaneität und Zurückhaltung. Es ist die Negation von allem und die Auferstehung von allem. „Die Welt ist nicht die Welt, daher ist die Welt die Welt.“ In der Leere gibt es weder Selbst noch Welt oder Materie, und gleichzeitig ist die Leere die 10 000 Dinge. „Form ist Leere, Leere ist Form.“ Es bedeutet nicht, abgesondert da zu stehen und „Leere zu kennen“ – es bedeutet, sein ganzes Selbst zu verlieren und zu finden.

Exkurs: Pratitya samutpada und Vergänglichkeit

Auf der absoluten Ebene – kein Buddha, kein Gott, kein Selbst, keine Dinge. Auf der Zwischenebene kann man jedoch über diese Dinge sprechen. Ehe wir das untersuchen, lassen Sie mich einiges über pratitya samutpada oder bedingtes oder gemeinsames Entstehen sagen. Der Buddha scheint dies gelehrt zu haben, um den Menschen zu helfen, vom Anhaften an der Idee eines substantiellen Ich oder dem Haften am Nihilismus befreit zu werden – es war ein Wissen um den Weg der Befreiung von Unwissenheit und Sorge und keine Kosmologie, nichts darüber, wie die Welt existiert und entstanden ist. Doch später wurde dieses Wissen generalisiert:

„Wenn jenes existiert, entsteht dieses, wenn jenes hervortritt, dann tritt dieses hervor. Wenn das nicht existiert, dann entsteht dieses nicht, wenn jenes aufhört, dann hört dieses auf." (Majjhima Nikaya). Nagarjuna (2. Jhdt. n. Chr.) drückte beredt aus, daß pratitya samutpada die Leere ist. Nun nehmen viele an, auch Zen-Leute, daß pratitya samutpada die Leere bedeutet. Erleuchtung ist zur Realisierung geworden, daß jedes und alles voneinander abhängt. Natürlich kann Leere pratitya samutpada bedeuten, in dem Sinn, daß es kein substanzhaftes, absolut unabhängiges Selbst oder Ding gibt. Aber diese Realisierung der wechselseitigen Abhängigkeit ist selbst noch nicht Erwachen. Es beschreibt nur unsere gewöhnliche Bedingung von dukkha und samsara![50] Auf der psychologischen Ebene von Unwissenheit – Begehren – Leiden ist pratitya samutpada eine Hilfe, upaya, um sich mit den eigenen Fesseln zu befassen, auf die kosmische Ebene angewendet, hilft es uns, daß wir zu unserer wechselseitigen

[50] Dukkha: Ungenügen, Leid; Samsara, der Kreislauf der Existenzen, der durch Gier, Haß und Verblendung aufrechterhalten wird.

Abhängigkeit erwachen und zur Notwendigkeit, für einander so wie für uns selbst zu sorgen. Aber wenn man das als absolutes Erwachen und Befreiung versteht, dann verkauft man eine Illusion als die WIRKLICHKEIT. Denn dann wird das Universum ein geschlossenes System, und das Selbst ist nur die Nabe im Rad des Samsara, ein Objekt, ein Ding unter anderen Objekten und Dingen. Die Realität ist dann nicht mehr oder nichts anderes als dieses geschlossene System, und nur was in dieser zufälligen Kette ist, das ist wirklich. Es gibt keinen Platz für Transzendenz, für Geist, für Freiheit. Und viele, die solche Theorien haben, machen viele Worte um die Idee des Mitgefühls, aber es ist nur eine Art von sentimentalem Funktionalismus, von Pragmatismus und Resignation. Es ist alles Analyse und Argumentieren, und es gibt da keine religiöse Befreiung oder Erlösung. Es ist in Ordnung, wenn man eine Art von „Grundlosigkeit" realisiert, daß wir nicht allein auf sicherem Grund stehen können, aber es ist nicht der religiöse grundlose Grund, von dem der Buddha spricht:

„Verwurzelt im Nirvana, Radha, wird das heilige Leben gelebt. Nirvana ist sein Ziel, Nirvana ist sein Ergebnis".

Die Leere ist grundlos und unaussprechbar, jenseits aller Bestimmungen und Beschreibungen – aber in Wirklichkeit ist es eine wunderbare Fülle. Da ist die Äußerung des Buddha im Abschnitt „Udana", welche die positive Dimension hervorhebt.

„Es gibt, ihr Mönche, jene Sphäre, wo es weder Ausdehnung noch Bewegung gibt noch die Sphäre des unendlichen Äthers noch die von Weder-Wahrnehmung noch Nicht-Wahrnehmung, weder diese Welt noch eine andere, weder Mond noch Sonne. Hier, Mönche, sage ich, daß es weder Kommen noch Gehen gibt oder

Bleiben oder Verscheiden oder Erstehen, denn diese ist selbst ohne Stütze, ohne Fortbestehen, ohne geistiges Objekt – diese ist selbst das Ende des Leidens. Es gibt, ihr Mönche, ein Ungeborenes, Nichtgewordenes, Nichtgeschaffenes, Unzusammengesetztes, und gäbe es nicht dieses Ungeborene, Mönche, dieses Nichtgewordene, Nichtgeschaffene, Unzusammengesetzte, dann könnte kein Ausweg hier gezeigt werden für das, was geboren wurde, geworden ist, geschaffen wurde, zusammengesetzt ist." (9)

Manchmal erklären Zen-Leute solche Passagen als bloßes Konzept weg und ermahnen uns, nicht zu denken und nur im Hier und Jetzt zu sein. Solche Befehle können beides sein, befreiend und versklavend. „Nicht zu denken" heißt nicht, kein Verständnis zu haben; Gewahrsein ist vielschichtig, wie wir später sehen werden.

In dieselbe Kategorie fällt der indirekte Befehl: „Unbeständigkeit ist Buddha-Natur", ein Zitat von Dogen. Es ist gut, solange es zur Freiheit von der Suche nach Sicherheit in einem Objekt oder einem Ding oder einer Idee führt, und dazu, sich seiner eigenen menschlichen Bedingtheit durch Sterblichkeit, Endlichkeit und wechselseitiger Abhängigkeit zu überlassen. Der Unbeständigkeit gewahr zu werden, bedeutet über die Unbeständigkeit hinaus zu gehen. Erlösung oder authentische Befreiung wird nur als Realisierung des Ungeborenen und Unaussprechbaren realisiert. Indem man sich dem Unbeständigen hingibt, geht man über das Unbeständige hinaus. Wenn man über das Bestimmbare und Begrenzbare hinausgeht, kann man sich frei im Endlichen und Vergänglichen bewegen. Dann ist das Unbeständige nicht mehr nur bloß das Unbeständige.

Das Selbst in seiner vielfältigen Wirklichkeit

Der Beobachter und das Beobachtete

Nach dieser Abschweifung wollen wir das Entfalten des Erwachens weiter verfolgen. Ich sagte, daß es da einen Zwischenbereich gibt, in dem wir über das Unsagbare und Unbeschreibbare reden können. Dieser Bereich entsteht in dem Zwischenraum des Selbst als Ich und Nicht-Ich. Wir können unserer selbst als dieser Körper, dieser Geist und so weiter gewahr sein; wir können auch gewahr werden, daß das „Ich", das „Ich" sagt, der Beobachter ist, der das Beobachtete beobachtet und genau so wenig erreicht werden kann, wie das Auge sich selbst sehen kann. Es ist das Licht, wodurch alles erleuchtet wird, das aber selbst ins Unbenennbare und Unwissbare zurückweicht.

Das Subjekt ist niemals das Objekt, es ist kein Objekt unter anderen Objekten, es gehört nicht zur Welt, obwohl es in der Welt ist, es ist undefinierbar und ohne Grenzen.

Als ein Mönch fragte: „Was ist das Tao?", erwiderte Isan (771-853), „Nicht-Geist ist das Tao". Der Mönch sagte: „Ich verstehe nicht!" „Alles, was du begreifen mußt, ist der eine, der nicht vesteht!" – „Wer ist der eine, der nicht versteht?" – „Niemand anderer als du selbst." Isans Schüler Kyozan erwachte, als er von dem göttlichen Funken in sich selbst hörte. Auf Kyozans Frage nach dem Aufenthaltsort des wahren Buddha erwiderte Isan: „Durch die unaussprechbare Subtilität und durch Denken, ohne zu denken, wende deine Aufmerksamkeit nach innen, um über die unendliche Kraft des göttlichen Funkens zu reflektieren. Wenn dein Denken nicht mehr weiter gehen kann, kehrt es zu seiner Quelle zurück, wo sich Natur und Form ewig aufhalten, wo Phänomene und Gedanken nicht zweierlei sind, sondern eines. Hier wohnt die Soheit des wahren Buddha. " (10)

Es ist eine Ist-heit, ein „ICH BIN" oder einfach „BIN". In dieser Ist-heit gibt es kein Heute, kein Gestern, kein Morgen: nicht Norden, nicht Süden, nicht Westen, nicht Osten. Es ist das Ungeborene und Todlose. „Ich allein bin der Heilige zwischen Himmel und Erde." – *„Das Selbst in seiner Ist-heit, einfach und rein, ist einem Kreis ohne Umfang vergleichbar, und daher ist sein Zentrum nirgends, also überall; oder es ist wie eine Null, die gleich, oder fast identisch mit dem Unendlichen ist.* " (D.T. Suzuki). Dieses Formlose Selbst erfaßt man unmittelbar, und es wird in und durch das Ego-Selbst realisiert – diese beiden sind eins und nicht-eins. Man bewegt sich im Gewahrsein zwischen diesen beiden. Man ist sich des Formlosen Selbstes als seines eigenen Grundes und seiner Tiefe gewahr, und doch ist man sich auch der Diskontinuität gewahr. Seiichi Yagi, der diese duale Struktur des Bewußtseins erklärt, kommentiert Hisamatsu:[51]

„Obwohl Hisamatsu darauf besteht, daß das Formlose das Selbst ist und das Selbst das Formlose, sagt er auch, daß das ‚Ich' Struktur und Artikulation besitzt. Er konnte direkt vom Formlosen in ihm selbst sprechen. Wenn er sagte, ‚ich tue', dann bedeutete es, daß das Formlose durch sein empirisches Ich agierte, aber gleichzeitig als sein empirisches Ich, denn Formlosigkeit drückt sich selbst nur durch das empirische Ego aus – das ist das Ego, das zur Formlosigkeit erwacht ist. Und weil das Formlose unsterblich ist, konnte er sagen: ‚Ich sterbe nicht.' " (11)

---

[51] Seiichi Yagi: zeitgenössischer japanischer evangelischer Theologe, dessen Erleuchtungserfahrung von Zen-Meistern akzeptiert wird. Shin-ichi Hisamatsu, vgl. Kap. 2, Anm. 4

Christus wohnt in dir als du selbst

Dieses Formlose Selbst ist grenzenlose Offenheit, ungebunden und unbestimmt, eine „ausdehnungslose Ausdehnung", eine grenzenlose Raumweite. Dieses Selbst ist transparent für die ganze Welt, es ist die ganze Welt. Ein Vogel piepst – es ist das Piepsen des grenzenlosen Selbst, ein Baum wird gesehen – der Baum ist die Präsentation des Formlosen Selbst. In diesem Formlosen Selbst sind Wissen und Nicht-Wissen nicht zwei getrennte Entitäten. Und zur selben Zeit kann man in seinem einzigartigen Ego-Selbst getrennt und vereinzelt da stehen. *„Christus lebt in dir als du selbst... bedeutet gerade, daß das Zentrum, das überall ist, göttlich ist, daß Gott überall ist, nicht als dein Zentrum oder als mein Zentrum, es ist das menschliche Zentrum eines menschlichen Wesens."* (12) Aber indem man sich für alle Wesen öffnet, wird man paradoxerweise einzigartig. Je größer die Einheit, desto größer auch der Unterschied und die Einzigartigkeit. Indem man in seiner eigenen Einzigartigkeit ankommt, tritt man in die Gemeinschaft ein.

Ich-Es; Ich-Du; Ich-Ich

Wir können von einer dreifachen Beziehung sprechen: Ich-Es, Ich-Du und Ich-Ich. Ich-Es ist die Beziehung Subjekt-Objekt; Ich-Du ist die Beziehung von Angesicht zu Angesicht, obwohl das Du nicht völlig dem entgehen kann, in dieser Beziehung ein Objekt zu sein; die Ich-Ich-Beziehung ist das Ineinanderfallen von Angesicht zu Angesicht, von totaler Liebe in totaler Einheit.

In dem „Ich BIN" gibt es weder Buddha, noch Gott, noch Christus – „Unter den Himmeln, auf der Erde bin ich der allein Heilige". In dem Ich – Ich steht da: Buddha, Gott,

Christus, der Baum, der Vogel. Das ist es, was im Koan Nr. 68 des Hekiganroku durchscheint. Kyozan fragt Sancho: „Wie heißt du?" Sancho sagt: „Ejaku!" Kyozan sagt: „Ejaku ist mein Name!" Sancho sagt: „Dann ist mein Name Enen!" Kyozan lacht herzlich. (13)

„Das ist echte Ekstase, aus sich herauszugehen und in den anderen einzutreten und da als der andere zu sein... Wir traten aus Gott heraus genau in der Ich-Ich-Relation. Gottes ekstatische Bewegung ist unser personales Selbstsein.. Wir sind nicht ein Ding, sondern eine Aktivität... Deswegen bewegt sich Gottes Aktivität ekstatisch heraus zu uns in einem Akt, der mit unserer Aktivität zusammenfällt, gerade so wie unsere Einheit mit Gott sich ekstatisch herausbewegen wird als ein Akt, der mit Gottes Aktivität zusammenfällt. Deswegen auch übersteigt nur das nackte „Ich bin" alle beschreibenden Attribute der eigenen Natur und Geschichte und kann den ekstatischen Akt vollziehen." (14)

Der Hindu-Heilige Sadhasiva schrieb: *„Ich kann in meinem Herzen keinen Winkel finden, wo ich mich aufstellen und ihn verehren kann, denn in jedem ‚Ich', das ich auszusprechen versuche, glüht bereits sein ‚Ich'."*

Ich und Nicht-Ich

Doch das Selbst bewegt sich frei in dieser dreifältigen Beziehung. Das Selbst kann nicht nur auf die Ich-Ich-Beziehung oder den Aspekt der Formlosigkeit allein beschränkt werden. Es ist eines und viele, zweifach und nicht-zweifach und keines davon. Wenn du einen Baum siehst, bist du der Baum, wenn du einen Ton hörst, bist du der Ton. Du kannst dann sagen, daß da kein Selbst ist; du kannst auch sagen, daß das Selbst geöffnet worden ist, es ist jetzt eine grenzenlose Offenheit, die jedes und alles in dieser grenzenlosen Offenheit sein läßt. Diese Offenheit aber ist das Gegenwärtigen der Realität selbst.

„Es ist nicht eine Zerstörung des Willens, denke ich, sondern eine Bewegung vom Wollen zur Willigkeit, die uns in unser eigenes Zentrum führt, zum anderen und fundamentaleren Sinn von ‚Ich'.“ (15)

Ich bin der Baum, ich bin der Ton. Aber es gibt ein solches Gewahrsein kaum ohne einen Überrest. Sogar wenn ich nur gewahr bin, in diesem Augenblick ein Baum zu sein und sonst nichts, werde ich bald zu dem dualen Gewahrsein, ein Baum zu sein, zurückkehren, und auch wissen, daß ich der Baum bin. Dieses Sein und Gewahrsein-von ist ein Gewahrsein-mit. Für eine kurze Spanne bin „ich“ verloren, und dann komme „ich“ zurück, um als Selbst-und-Anderes dazustehen. Es ist nicht ein Wissen eines Objekts, sondern ein Mit-Wissen und Mit-Sein. Es ist Ich und Nicht-Ich, Phänomen und Noumenon[52], es ist leer und voll, paradox und geheimnisvoll. Das in sich selbst verschlossene Selbst, das Ego-Selbst, ist geöffnet worden, um sich selbst als die ganze Welt zu realisieren. „Andersheit“ verläuft durch das Herz des Selbst. Das Selbst ist für sich es selbst und das andere. Es ist Ich und Nicht-Ich, Ich-Ich und Ich-mit-Dir. Von der Empfängnis bis zur Geburt, zu Wachsen und Dahinscheiden ist das menschliche Wesen ein Zwischen-Sein, das in Liebe hervorgebracht, herausgeführt und durch Liebe in die Liebe geführt wird; das ganze Sein und Leben ist ein Prozeß des Sich-selbst-gebens und -empfangens.

Reduziere die Wirklichkeit nicht auf ein eindimensionales „Ich allein“. Dieses „Ich allein“ ist nur das Ego-Selbst. Der andere als Objekt, der andere als der total Andere, ist die Ego-Ebene, die unerwachte Ebene von „Bäume sind Bäume, Berge sind Berge“. Hier versucht das Ego alles auf sich selbst zu

---

[52] Griech., Gedachtes, im Unterschied zu Phänomen (Erscheinendes)

reduzieren und sich auszudehnen und alles in sich selbst zu absorbieren – alle anderen werden zu Objekten und Sklaven reduziert; alles wird vom Ego verschluckt, das sich schließlich selbst zerstört. Der Erwachte dagegen ist nicht-eins, nicht-zwei, ist einer und viele. Wie schon vorher gesagt, es ist ein Sein-mit; das Ego ist außerhalb des Zentrums; das „Ich" ist als hohles Zentrum da, in dem die Wesen sich selbst gegenwärtigen können, das Selbst ist Nicht-Sein genauso wie Mit-sein, das wechselseitige und innerliche Einwohnen und die wechselseitige Durchdringung und das In-einander-sein der Wirklichkeit; und das, wohin ich gleichzeitig heimkommen kann zu mir selbst, und hier und jetzt ich selbst sein kann. Es ist ein personales Gegenwärtigen:

„Daß man lernt, ‚Ich' zu sagen, bedeutet nicht, zu einem universalen ‚Ich' zu kommen, zu einer Einheit, in der ‚kein Du in dem Ich' ist, wie Buber einst dachte, sondern es heißt, wie er später sagte, zur Einheit von ‚Ich' und ‚Du' zu kommen. Die Einheit ist eine relationale Einheit... Tatsächlich, wenn man wirklich ‚Ich' sagt, dann tritt man in die menschliche Wieder-vereinigung ein, in die Liebeseinheit mit Gott. ‚Ich' ist das Schlüsselwort. Denn ich bin ein ein-zigartiger Ausblick in die Menschheit, ein einzigartiger Ausblick in Gott."

„Das Gefühl von ‚Ich', das im Bewegungszentrum des Lebens lokalisiert ist, ist der Ort, an dem die andere Welt durch diese Welt geht, wo die Ewigkeit in uns die Zeit betritt, wo die Gestalt des Menschen entspringt und zu ihrem göttlichen Grund zurückkehrt." (16)

Tozans zwei Ebenen des Erwachens

Ich möchte dafür ein oder zwei Beispiele aus dem Zen geben. Tozan Ryokai (807-869) kam unter Ungan zum Erwachen und verfaßte das folgende Gedicht:

Wie wunderbar! Wie wunderbar!
Das Unbelebte predigt den Dharma,
was für eine unaussprechliche Wahrheit!
Wenn du versuchst, sie mit deinen Ohren zu hören,
wirst du sie niemals verstehen.
Nur wenn du sie mit deinen Augen hörst,
wirst du es wirklich wissen.

Dies ist das Gedicht einer großen Erleuchtung, die zeigt, daß Tozan durchgebrochen ist zum Jenseits der Ego-Grenzen. Als Tozan Ungan verließ, fragte er den Meister: „Wenn du dieses Leben vollendet hast, was soll ich sagen, wenn mich jemand fragt: ‚Kannst du dich noch an das Gesicht deines Meisters erinnern?' „Der Meister schwieg eine lange Weile und erwiderte dann: „Gerade dieser eine ist!" Diese Worte trug Tozan im Geist mit sich und wanderte dahin. Später, als er einen Strom überquerte, sah er zufällig sein eigenes Spiegelbild im Wasser und erwachte zu der wahren Bedeutung von „Gerade dieser eine ist!". Er drückte das in einer Gatha aus:

Such ihn nirgendwo anders,
sonst läuft er vor dir davon!
Nun, da ich ganz allein unterwegs bin
treffe ich ihn, wo immer ich gehe.
Er ist sogar jetzt, was ich bin.
Ich bin sogar jetzt nicht, was er ist.
Nur wenn man es so versteht,
gibt es wahre Einheit mit dem So-Sein. (17)

Tozan's Gatha drückt tiefere und weitere Stufen des Erwachens aus. Es ist nicht genug zu hören, daß das Unbelebte den Dharma predigt, nicht genug mit den Augen zu hören und mit den Ohren zu sehen, du mußt „ihn" treffen, wo immer du gehst, und er ist du, aber du bist nicht er. Das Selbst ist Ich-Ich, genauso wie Ich und Nicht-Ich.

Kyogens zwei Ebenen des Erwachens

Ein bedeutender Beitrag der Igyo-Schule (Isan und Kyozans Haus) ist die Zen-Unterscheidung zwischen Zen des Tathagata und Zen der Patriarchen. Kyozan untersuchte einmal die momentane Realisierung seines jüngeren Mit-Schülers Kyogen. Kyogen verfaßte eine Gatha:

Die Armut des Vorjahrs war keine wirkliche Armut;
dieses Jahr ist es tatsächlich Armut.
Arm wie ich letztes Jahr war,
hatte ich noch genug Grund, um eine Ahle darauf zu stellen.
Dieses Jahr bin ich so arm,
daß ich nicht einmal eine Ahle habe.

Kyozan meinte, diese Gatha zeige, daß Kyogen das Zen des Tathagata erreicht habe, aber noch nicht das Zen der Patriarchen. Dieses Gedicht zeigt äußerste Armut und Leere. Es mag einen an Meister Eckharts Ausspruch erinnern, daß nur der wirklich arm ist, der keinen Platz für Gott hat. Aber das ist noch nicht das endgültige Erwachen. Kyogen schrieb dann noch eine andere Gatha:

Ich habe eine angeborene Neigung
ihn durch ein Zwinkern anzusehen
Wenn jemand das nicht versteht,
erlaub ihm nicht, sich Mönch zu nennen!

Nun bestätigte ihm Kyogen, daß er das Zen der Patriarchen erreicht habe. John Wu bemerkt dazu treffend:

„Die Zen-Meister haben diese Selbst-Natur mit einer großen Vielfalt von Namen bezeichnet, wie ‚Dieser eine', ‚Jener eine', ‚Er', ‚Das ursprüngliche Gesicht', ‚Der wahre Mensch ohne Rang', ‚Der unabhängige Mensch des Tao', ‚Das Selbst' und so weiter. Einige haben ihn sogar ‚Der Familiendieb' genannt. Der ganze Sinn des Zen liegt in dem möglichst intimen erfahrungsmäßigen Wiedererkennen ‚jener Person' als dein wirkliches Selbst." (18)

Nur wenn man zu dieser Dimension erwacht, ist man wirklich erwacht. Nur dann kommst du wirklich nach Hause. „Ich" wird dann ein Offensein und auch eine Präsenz für alle Zeiten und alle Wesen. Ein Mönch fragte Chan Khong: „Was ist Erleuchtung?" Chan Kong erwiderte: „Erleuchtung scheint durch die ganze Welt und enthüllt, daß alle fühlenden Wesen in einer einzigen Familie zusammen sind."

Wolken und Mond sind dasselbe
Täler und Berge sind voneinander unterschieden
Alle sind gesegnet, zehntausendmal gesegnet!
Ist dies eins? Ist dies zwei?

(Vers zu Fall Nr. 35 des Mumonkan)

Sackgassen und Wegweiser für den Weg

Die Gefahren des Abstiegs im Zen

Ich habe versucht, auf einigen Seiten die inneren Bewegungen und Dynamismen des Erwachens und seiner verschiedenen Phasen auszudrücken. Eine derartige sprachliche Artikulation ist selbst nicht Erwachen, aber eine derartige Artikulation ist wesentlich. Der Buchstabe allein tötet, aber der Geist braucht den Buchstaben. Nun kann man sehen, wo das Erwachen teilweise oder vollständig sein kann, eindimensional oder vieldimensional. Mehr als ein Zen-Meister bleibt bei den ersten Ebenen des Zurückziehens der Objektivierungen oder bei Leere oder bei Einssein stehen. Manche verfangen sich bei „kein Gedanke, kein Buddha, kein Gott". Manche reden nur vom Gewahrsein des Jetzt und von „iß, wenn du ißt, scheiße, wenn du scheißt", aber sie kennen den Bereich jenseits des Gewahrseins und des Präsentseins nicht. Einige bleiben bei Spontaneität, Freiheit und Nicht-Bewußtsein stecken; sie kennen das Selbst nicht, das in all diesen Bereichen wohnt. Manche reden nur von Nicht-Dualität, aber sie wissen nicht, daß das Duale ein inneres Moment des Nicht-Dualen ist. Einige schreien, „es gibt kein Selbst", „es gibt überhaupt nichts". Solche Leute haben das wahre Selbst des Nicht-Selbst nicht geschmeckt, und sie spielen nur mit Konzepten. Das könnte man noch weiter führen... Der „Aufstieg" im Zen, wenn man Buddhas und Patriarchen tötet – das bedeutet die Negation aller Begriffe und Anhaftungen – ist verhältnismäßig einfach. Es ist der Abstieg, der das „härteste" ist: der Abstieg in die Vielheit, das Andere, das Mit-sein. Auf der absoluten Ebene gibt es überhaupt nichts, es ist leer. Auf der phänomenalen Ebene ist alles lebendig, jedes einzelne unterschieden und einzigartig. Wie der Theologe John Dunne in einem ähnlichen Zusammenhang bemerkt: „Wenn man die symbolische Integration der beiden Welten verliert, reduziert das die Welt auf Tatsachen und verwandelt das Herz zu Stein."

Buchstabengläubigkeit, Literalismus, ist Seelenmord. Ein Arzt, der sich selbst mit seiner Erleuchtung brüstete, soll einem Patienten mit hohem Fieber gesagt haben: „Es gibt überhaupt keine Krankheit, wofür willst du Medizin?" Er wußte nicht, daß das Kranksein selbst eine Manifestation der Leere war, und daß er dazu gerufen war, die Buddha-Natur zu aktualisieren, indem er die Krankheit angemessen als Arzt behandelte.

Ein japanischer Zen-Meister soll während des Zweiten Weltkriegs die Soldaten ermahnt haben, da es kein Selbst gibt, gibt es niemanden, der tötet und der getötet wird, und wenn das Kommando kommt, sollen sie schießen: „Päng, päng". Dies bedeutet, die absolute Ebene mit der phänomenalen Ebene zu verwechseln, und es zeigt ethische Blindheit. Auf diese Weise können Unmoral und Selbstgenuß gerechtfertigt werden. Japanische Frauen, die in den frühen Jahrzehnten dieses Jahrhunderts in Fabriken arbeiteten, klagten über Depressionen und Schmerzen und erhielten zur Antwort: „Es gibt überhaupt kein Selbst, warum klagt ihr?"

Zen-Sprache wie „Soheit ist Unterscheidung, Unterscheidung ist Soheit", kann zu einer Sprache der Unterdrückung werden. Es erinnert mich an Zen-ähnliche Antworten von Nazi-Wachen in den KZ's. Den Juden, die fragten, warum man sie ins Konzentrationslager getrieben hatte, sagten sie: „Es gibt keinen Grund, warum!" Manche sagen zungenfertig: „Es gibt nichts Gutes, nichts Böses, keine Sünde" – aber sie glauben, sie sind dort! Aus diesem Grund haben manche gewissenhafte Zen-Gelehrte gesagt: Zen ist nicht Buddhismus, da Zen im gewöhnlichen Leben Unterscheidung und Ethik zu mißbilligen scheint, was für den Buddhismus aber entscheidend ist. (19) Diese Leute bringen die verschiedenen Ebenen der Sprache durcheinander. So eine Verwirrung, speziell wenn diese Ebenen reduziert werden, geht auf eine unangemessene oder unreife Realisierung-Erwachen zurück.*

---

* Anm. d. Autors: Das Erwachen wird in der Praxis authentisiert; in der Praxis der Tugenden und der Paramitas. Die Artikulation und Erhellung des Pfades des Bodhisattvas in Form der Tugenden und Paramitas und auch in Form des Ideals menschlichen Seins, ist für die Lebensweise der Erleuchtung wesentlich. Leider kann dieser Aspekt in diesem Buch nicht entwickelt werden.

Zwei Wahrheiten und vierfältige Logik

Die Lehre von den Zwei Wahrheiten ist ein wichtiger Teil buddhistischer Hermeneutik[53]. „Die Belehrungen über die Doktrin des Buddha basieren auf zwei Wahrheiten: auf der Wahrheit der weltlichen Konventionen (samvriti) und auf der absoluten, höchsten Wahrheit (paramartha). Jene, die den Unterschied zwischen diesen beiden Wahrheiten nicht erkennen, verstehen nicht die tiefe Natur der Lehre des Buddha" (Nagarjuna). Das ist keine metaphysische Unterscheidung, sondern eine der Sprache und der Erfahrung. Es gibt verschiedene Formen von Sprache: moralisch-ethisch, lobpreisend-liturgisch, praktisch, wissenschaftlich, mathematisch, die Sprache des Geschäfts, die Sprache der Liebe usw. Man kann nicht einfach eine mit der anderen vertauschen. Die „äußere" Sprache des Christentums, genauso wie die der Zen-Symbole, der Rituale, Lehren, Strukturen, ist der Körper; der „innere" oder „spirituelle" Pfad ist die Reise des Schaffens einer Seele. Simone Weils Bemerkung ist treffend: *„Wenn echte Freunde Gottes – und so einer war Meister Eckhart, denke ich – Worte wiederholen, die sie im Geheimen inmitten der Liebeseinheit gehört haben, und diese Worte stehen nicht im Einklang mit der Lehre der Kirche, so kommt das einfach daher, daß die Sprache des Marktplatzes nicht die der Hochzeitskammer ist".* (20)

Lassen Sie mich dieses lange Kapitel mit zwei Beispielen beenden und bleiben Sie dabei. Im Zen wird man bei der Koan-Arbeit oft zum „gerade dies" gebracht – zum Beispiel in Nansens „Alltagsgeist" (Mumonkan Nr. 19), Kyozans Traum (Mumonkan Nr. 25), Joshus „Wasche deine Schalen" (Nr. 7). Alle diese Koans bringen einen zu „gerade dies, gerade dies!" Es gibt im Zen keine Geheimnisse; die Wahrheit ist genau vor

---

[53] Hermeneutik: Kunst der Interpretation

deinen Augen manifest. Die Blume ist rot, die Blätter sind grün, die Sonne scheint, die Vögel singen. „Gerade dies, gerade dies". Aber was bedeutet dieses „Gerade dies"? Sehr viele Zen-Leute nehmen dies als „nur das, *nichts anderes!*" „Essen, waschen, aufstehen, niedersetzen – das ist alles, nichts weiter. Schau herum, was du siehst, ist Buddha-Natur, ist Wirklichkeit, *nichts weiter.*" Da liegt auch die Gefahr des Koan-Zen. Man kann korrekte Zen-Antworten ohne tiefe Realisierung geben. Man kann diese Antworten, diese gesehenen, gehörten, gefühlten Dinge buchstäblich als die letzte Wirklichkeit nehmen.

„‚Nichts als' impliziert auf keinen Fall ein reduktionistisches Denken: Der Buddhismus lehnt im allgemeinen die Sichtweise ab, daß Buddha-Natur identisch mit oder im Verhältnis zu oder nichts anderes als alle Existenz ist, genauso wie die Ansicht, daß Buddha-Natur etwas anderes als oder transzendent oder inklusive aller Wirklichkeit ist. Statt dessen geht man zurück auf das Geheimnis der Leere und verweist auf „weder identisch mit noch unterschieden von", „weder eins noch viele" und so weiter." (21)

Wiederholen wir die Zen-Logik:

Vor der Erleuchtung sind Berge Berge und Bäume Bäume.
Während der Erleuchtung sind Berge nicht Berge und Bäume nicht Bäume.
Nach der Erleuchtung sind Berge Berge und Bäume Bäume.

Die letzte Phase von „Berge sind Berge, Bäume sind Bäume" enthält in sich „Berge sind nicht Berge, Bäume sind nicht Bäume". Das Erwachen geschieht, indem wir zu diesen Nicht-Bergen und Nicht-Bäumen erwachen. Diese Negation der Leere kann also als „nicht eins, nicht zwei" ausgedrückt werden. Man sagt, daß das die Essenz des religiösen Denkens ist (Masao Honda in einer Fußnote bei Seiichi Yagi). Das heißt, Negation, Tod, Selbst-Entäußerung sind im Herzen der Religion. Nur wenn ein Wesen negiert und transzendiert worden ist, kann es sich selbst wahrhaft realisieren. Das kann in einer Art Logik oder Dialektik ausgedrückt werden, aber es kann durch Logik und Dialektik nicht wirklich völlig und wahrhaftig ausgedrückt werden.

Die vierfältige Logik (**catuskoti**) der Madhyamika-Schule[54] versucht, dies nachzuzeichnen. Einfach ausgedrückt, geht das so: Von einem Wesen kann man sagen, daß es (1) ist, (2) nicht ist, (3) sowohl ist als auch nicht ist, und (4) weder ist noch nicht ist. Nagarjuna gibt als Beispiel an.

1. Alles ist Soheit
2. Alles ist nicht Soheit
3. Alles ist sowohl Soheit als auch nicht Soheit
4. Alles ist weder Soheit noch nicht Soheit.

Die erste Alternative bejaht die Existenz aller dharmas oder Wesen. Dies ist die weltliche Wahrheit, **samvriti satya.** Die zweite negiert die **svabha** Natur oder, daß alle Wesen als eigenständige Substanzen existieren. Dies ist die absolute Wahrheit, **paramartha satya.** Es ist Leere. Die dritte kombiniert die Welt der Wesen und der Leere. Die vierte negiert und transzendiert die dritte. Von dieser letzten Phase sagt man, daß es der Pfad der Erlösung sei, der Mittlere Weg. Jedoch sind Nagarjuna und die Madhyamika-Schule sogar davon nicht gebunden, sie negieren alle vier Alternativen als Beschreibung der Wahrheit der Wesen. (22).

---

[54] Madhyamika, „der Mittlere Weg", Richtung der Philosophie des Mahayana-Buddhismus, vertritt einen „mittleren Weg" in Bezug auf Sein und Nicht-Sein der Phänomene.

„Gerade dies" ist nicht Gerade dies!

Wenn man sagt: „Gerade dies", dann enthält dieses „gerade dies" das „nicht dies" als sein Herz.

Sonst ist es nur weltliche Wahrheit. Dasselbe gilt für „Samsara ist Nirvana", „Nirvana ist Samsara", oder „Form ist Leere, Leere ist Form". Form ist nur Leere, wenn Form negiert und transzendiert worden ist. Nur wenn man über beide, „ist" und „ist nicht" hinaus gegangen ist, dann kann man wahrhaft sagen „gerade dies". Wenn man „gerade dies" bloß als gerade dies nimmt, als *buchstäblich* nur dies und nicht mehr, dann ist das nur materialistisches, buchstaben-verhaftetes, in sich selbst verschlossenes Ego-Bewußtsein. Die Buchstäblichkeit, der Literalismus, tötet die Wahrheit und die Seele. Damit „gerade dies" wahrhaftig „gerade dies" ist, schließt es „nicht dies" mit ein, und nur dann kann „gerade dies" die Berge, Flüsse, die Sonne und die Sterne und das ganze Universum selbst manifestieren. Die Selbstnatur enthält die zehntausend Dinge. Leere enthält das ganze Universum, sagt das Plattform-Sutra des Sechsten Patriarchen.

„Die geheimnisvolle Beziehung zwischen Buddha-Natur und aller Existenz wird in einem leicht unterschiedlichen Zusammenhang ausgedrückt wie folgt: ‚Obwohl nicht identisch, sind sie nicht verschieden; obwohl nicht verschieden, sind sie nicht eins; obwohl nicht eins, sind sie nicht viele.' Dies ist Dogens (und daher der buddhistische) Weg, die Nicht-Zweiheit von Wesen und dem Sein selbst auszudrücken in Form von ‚weder identisch noch verschieden' oder ‚weder eins noch viele', oder dem Hua-Yen Prinzip ‚wechselseitige Identität und wechselseitige Durch-dringung'" (23).

Engo Zenji, der berühmte Kommentator des Hekiganroku, der im 12. Jahrhundert lebte, illustriert das schön in seinem Kommentar zu Fall 9:

„Nun gibt es eine Art Menschen, welche sagen: Es existiert im letzten Grund gar nichts, nicht das kleinste Ding. Wenn wir Tee haben, trinken wir Tee, wenn wir Reis haben, essen wir Reis. Das ist ein großer Unsinn. Das redet von Begriffenhaben, wo man noch nichts begriffen hat; das redet von Erfahrung, wo man noch nichts erfahren hat. Leute, die so reden, haben überhaupt noch nie einen Meister solange aufgesucht, bis sie hindurch sahen. Sie sehen nur, wie andere von Herz und Geist, von ursprünglicher Natur, von geheimnisvollen, wunderbaren Dingen reden, und erklären das einfach alles für Phantasterei, denn von Haus aus existiere doch überhaupt nichts. Da kann man nur sagen: Es sind blinde Blindenführer. Sie wissen und verstehen nichts. Wo wäre denn vor der Ankunft unseres Patriarchen aus dem Abendlande jemand dahergekommen und hätte den Himmel Erde genannt oder aus Bergen Wasser gemacht? Wozu aber ist der Patriarch aus dem Abendlande gekommen?“ (24)

Was ist Buddha? Wer ist Christus?

Nehmen wir zum Beispiel Fall Nr. 18 im Mumonkan für die Frage „Was ist Buddha?“. Tozan antwortete: „Masagin!“. Masagin bedeutet drei Pfund Flachs. Wenn du annimmst, daß das meint, Tozan hätte drei Pfund Flachs, die er vielleicht gerade im Moment wog, als den Buddha oder die Buddha-Natur gedeutet, und damit sagen wollen: „Buddha ist gerade dies und nicht mehr“, dann liegst du falsch. Laß dich durch solche Deutungen nicht fangen. Die Koan-Antwort ist ein Agieren von „Masagin“, und in dem Schrei verschwindet alles, du, Tozan, der Buddha, Masagin… „Masagin“ ist das ganze Universum. Aber wenn du das buchstäblich nimmst, dann liegst du wieder falsch! *Wenn man denkt,* daß Schreien oder sich im zu Schreien vergessen „das“ ist, ist das noch nicht „das“.

Im Fall Nr. 45 des Mumonkan fragt Hoen: „Sogar Shakyamuni und Maitreya[55] sind Diener eines anderen. Ich möchte dich fragen: Wer ist er?“ – Eine sehr gute Antwort wäre: „Peter, Paul und Maria“ – das bist du selbst. Oder du kannst auf deine Schenkel klopfen und sagen: „Gerade dies“. Nur wenn du realisierst „zwischen Himmel und Erde bin ich allein der Heilige“, ist deine Realisierung authentisch. Auf die Frage „Was ist Buddha?“ oder „Was ist Christus?“ ist eine wichtige Koan-Antwort, auf deinen Schenkel zu klopfen und zu sagen „Gerade dies!“. Eine ausgezeichnete Antwort wäre auch, einen Schrei (katsu!) auszustoßen oder auf den Boden zu schlagen. Das hängt natürlich davon ab, woher du kommst.

„Das Gefühl für ‚Ich‘, das im Bewegungszentrum des Lebens lokalisiert ist, ist der Ort, an dem die andere Welt durch diese Welt durchströmt, wo Ewigkeit in uns zeitlich wird, wo die menschliche Gestalt hervortritt und dann zu ihrem göttlichen Grund zurückkehrt. Das geschieht, wenn Gott in die Welt und die Welt zurück zu Gott kommt.“ (25).

Nimm dieses „Gerade dies“ nicht bloß als die Interpretation dafür, daß der Buddha oder Christus in oder mit mir präsent sind und auch nicht als dieses sichtbare Körper-Selbst-Ego. Wie schon gesagt, kann man nur dann, wenn das Ego negiert und transzendiert worden ist, wirklich sagen: „Dies hier ist Buddha/Christus“. Wenn das „Ich“ nicht mehr ist, dann kann sich das „Ich“ als das „Ich“ von Christus, von Buddha gegenwärtigen: als Ich-Ich und auch als Ich-mit-Dir, als Ich-mit-dem-ganzen-Universum. Ich möchte John Dunne zitieren, der scharfsichtig schreibt:

„‚Ich‘ wie Jesus sagt, und sogar ‚ich bin‘, wie er auch sagt, können auch wir sagen, entsprechend dem, was Jesus uns zu sagen lehrt, so, wie er uns lehrt ‚unser Vater‘ zu sagen... Das erinnert mich an Meister Eckhart, der sagt: Was immer von Christus wahr

[55] Shakyamuni – der historische Buddha; Maitreya – der Buddha der Zukunft

ist, ist auch von uns wahr. Wenn man sagt, das ist etwas einzigartiges, etwas nicht Mitteilbares über Jesus und sein Wort ‚ich', dann legt das eine Distanz zwischen uns und ihn.

Trotzdem möchte ich sagen, daß hier etwas Einzigartiges ist, etwas nicht Mitteilbares. Wir überqueren die Distanz, das ist wahr, wenn wir hinübergehen zu Jesus, aber sie ist wieder da, wenn wir zu uns selbst zurückkommen... Da ist beides, Intimität und Distanz, in dem Hinübergehen und Zurückkommen."

Das betrifft nicht nur Jesus oder Buddha, sondern auch jede andere Person. Wie Tozan schrieb: „Er ist sogar jetzt, was ich bin. Ich bin sogar jetzt nicht, was er ist."

John Dunne schließt: *„Christus wohnt in dir als du... was ich damit sage, ist, daß Christus das ureigenste Selbst des Christen ist. Es ist wahr, wir finden im Christentum dasselbe hohle Zentrum wie im Buddhismus, ‚ein Zentrum der Stille umgeben von Schweigen', aber es ist erfüllt von Gnade, einer Gnade, die durch die Leere kommt."* (26)

Alle diese Ausdrücke: Vielheit und Eins-Sein oder Einheit, Identität und Nicht-Identität, Immanenz, Transzendenz, Sein und Nicht-Sein, all dies sollte nicht als statische, buchstäbliche Wirklichkeit aufgefaßt werden. Es sind Symbole und Chiffren, die einen einladen zu handeln. Sein heißt aktualisierte Handlung, Handlung meint: Fühlen, Denken, Urteilen, Auswählen, Tun; und dies findet als ein Akt der Antwort statt. Wenn ich eine Feder nehme und schreibe, ist es die Feder, die schreibt? Oder meine Hand? Oder Ich? Oder das Universum? Ist es eines oder zwei?

Der dritte Weg

Der Philosoph Wittgenstein sagt: „Gott ist, wie die Dinge stehen" und „Wie die Dinge stehen, ist Gott". (27) Dies kann die Welt meinen, *so* **wie sie ist** – es kann Reduktionismus, Fatalismus, Resignation sein: die Welt, wie sie ist, ist alles, was da ist; Gott ist nichts mehr als das, und du bist, was dein Leben und deine Geschichte gewesen sind, usw. Anderseits sagt Kierkegaard, der Mann des Glaubens: „Gott ist, daß alle Dinge möglich sind, und daß alle Dinge möglich sind, ist Gott." Daß alle Dinge möglich sind, eine unendliche Offenheit, „die Nicht-Welt, deswegen die Welt" das ist, was Gott ist. Du bist zur Unendlichkeit befreit, und dies ist die Dimension des Glaubens. Glauben ist nicht ein „Glauben an", sondern ein Transzendieren in das Nicht-Selbst und das Gegenwärtigen von „alle Dinge sind möglich". In dieser Dimension geht man Hand in Hand mit den Buddhas und Patriarchen und blickt sich gegenseitig in die Augen. Alles Vergangene, Gegenwärtige und Zukünftige werden gegenwärtig. Lassen Sie mich diesen Abschnitt mit Meister Eckhart beenden:

„Der dritte Weg heißt zwar ‚Weg', doch in Wirklichkeit ist er ein Zuhausesein, er ist: Gott unmittelbar in seinem eigenen Sein zu erblicken. Nun sagt Christus: ‚Ich bin der Weg, die Wahrheit und das Leben' (Joh. 14,6). Ein Christus als Person, ein Christus als Vater, ein Christus als Geist, drei in Einem: drei als Weg, Wahrheit und Leben, eins als der geliebte Christus, indem er alles dies ist. Außerhalb dieses Weges stehen alle Kreaturen nur am Rande und sind Werkzeuge. Auf diesem Wege aber in Gott hineingeleitet vom Lichte SEINES WORTES und umfangen von der Liebe beider im Heiligen Geist, das geht über alles, was man in Worte fassen kann. Nun höre das Wunder! Wie wunderbar: draußen stehen wie drinnen, begreifen und umgriffen werden, schauen und zugleich das Geschaute selbst sein, halten und gehalten werden – das ist das Ziel, wo der Geist in Ruhe verharrt, mit der lieben Ewigkeit vereint." (28)

Nun, wer ist Christus für dich? Und was ist Buddha? Vielleicht vergiß Buddha, und vergiß Christus, sie sind Nichtsnutze. Wer bist *DU* wirklich?

5. Kapitel

Was hat Zen mit der Welt zu tun?

Psychologie, Religion und Ethik

Bis jetzt habe ich mich mit den sogenannten inneren Komponenten der Übertragung befaßt: mit Zazen und Koan-Praxis, der Beziehung von Lehrer und Schüler, dem Nährboden des Sangha, und mit der Form und der inneren Dynamik der Übertragung, d.h. mit Ti-Sarana und dem Bodhisattva-Gelübde. Beide sind die Aktualisierung der Bodhicitta, des Erleuchtungs-Geistes.

Ich habe mich auch mit den Problemen von Legitimität und Authentizität befaßt. Legitimität bezieht sich nicht so sehr auf das Wissen und die Erfahrung japanischer Institutionen und Wege wie auf die Verbundenheit mit der „Mutter-Kirche" und die Beglaubigung durch einen akzeptierten Meister. Aber noch wichtiger ist die Authentizität. Das ist die Wahrheit, die Tiefe und Breite, die Fülle und Adäquatheit der Realisierung des Zen. Tradition und Struktur sind notwendig, aber sie sichern nicht automatisch Authentizität.

Nun möchte ich mich mit einer anderen lebenswichtigen Dimension der Übertragung beschäftigen: mit der Interaktion und dem Dialog mit der Welt. Natürlich sind Zen-Übende und Zen-Institutionen in der Welt und ein Teil der Welt. Aber Zen ist nicht einfach die Welt, und es ist nicht völlig getrennt von der Welt. Der Theologe Richard Niebuhr schrieb über das Verhältnis von Christentum und Kultur in Begriffen wie: Christus und Kultur, Christus über der Kultur, Christus in der

Kultur, Christus verwandelt die Kultur usw. Alle diese Modelle gelten auch für Zen. Die Übertragung an den Westen muß in Interaktion mit westlicher Kultur, Religion und Bewegungen stattfinden. Wahre Übertragung kann nicht nur japanische Institutionen und Wegen imitieren oder kopieren. Übertragung beinhaltet auch etwas, das neu ist. Man muß den ursprünglichen Quellen und dem Geist treu bleiben, aber es muß auch Kreativität und Neuheit geben. Die Vitalität und Dynamik der Übertragung wird relativ zu dieser Treue sein und dazu, wie kreativ man mit den modernen Fragen des Westens umgeht. Einige der großen Fragen an Zen kommen aus Psychologie und Therapie, Soziologie, Anthropologie und Hermeneutik, Ökologie, Feminismus, aus Fragen der Gerechtigkeit, Freiheit und Gleichheit, Wissenschaft, Technologie, nukleare Bedrohung, Nihilismus, Säkularismus, Christentum. Ich möchte mich mit drei Hauptthemen beschäftigen: mit Psychologie und Therapie, Religion und Christentum, und mit der Frage von Ethik und Gerechtigkeit und dem Handeln in der Welt. Ich gehe hier nicht auf Details ein, sondern zeige nur einen Rahmen und biete ein Modell oder eine Vision.

I. Psyche und Geist: Zen und Therapie

Im Westen sind Psychologie und Therapie zu wichtigen Bestandteilen der Kultur, des Lebensstils und der Sprache geworden. Es ist der „Sieg des Therapeutischen", wie manche das genannt haben. Wenn Zen in den Westen kommt, dann kann es sich dem allgegenwärtigen Einfluß der Therapien nicht entziehen. In extremen Fällen kann Zen auf eine Art von Therapie reduziert werden, freilich zu einer wunderbaren, östlichen Therapie. Oder Zen kann versuchen, erhaben und unberührt von Therapien und Psychologie zu bleiben. Der einzige gangbare Weg ist eine partnerschaftliche Zusammenarbeit, ohne daß sich eins im anderen auflöst. Lassen Sie mich einiges über Therapie im allgemeinen sagen, vor allem einige Warnungen bezüglich der Überbewertung von Therapie, und dann sehen, wie Zen im Dialog mit Psychologie und Therapie stehen kann.

Grenzen der Therapie

Therapie hat sowohl positive als auch negative Seiten. Auf der positiven Seite ist Therapie enorm hilfreich, wenn es darum geht, komplexe menschliche Emotionen und Beziehungen sowohl zu heilen als auch zu verstehen und Menschen zu helfen, ihrer selbst gewahr und frei zu werden. Auf der negativen Seite tendiert sie dazu, alles aufs Therapeutische zu reduzieren und darauf, Heilung und ein erfülltes Dasein zu finden. „Wenn ich nicht für mich selbst bin", sagte Rabbi Hillel, „wer wird sein? Und wenn ich nur für mich selbst bin, was bin ich?". Das Selbst in „für mich" wird zum kontrollierbaren Ding und der Geist ist gebannt. Du beginnst mit deinen Schmerzen und Leiden. Das ist die erste Edle Wahrheit des Buddha: Dukkha oder Leiden. Und Leiden kann zum Erwachen führen. Aber im Klima der Therapie wird man weggetragen von der Idee : „Besser und besser, Tag für Tag". Narzißmus, Individualismus, Konsumhaltung und Kontrolle beginnen, alles zu verzehren. Die Leute werden von falschen Hoffnungen auf Heilung gefangen und stellen die ganze Zeit sich selbst in den Brennpunkt. Dunkelheit, Geheimnis, Tod und Übel werden auf Probleme reduziert, die man angehen und lösen muß. Therapie ist außerdem zu einer Industrie geworden und auch zu einer Kirche, mit ihren eigenen

Hohenpriestern und Dogmen. Jüngst erschien ein Buch mit dem Titel: „Wir haben hundert Jahre Therapie gehabt, und die Welt ist damit schlechter als zuvor“ (von James Hillman und Ventura). Ann Wilson Schaef fragt: „Ist Psychotherapie letztendlich schädlich?“ Sie fügt einige darauf bezogene Fragen an: „Schadet Therapie dem Therapeuten? Ist Therapie für den Klienten schädlich? Schafft und erhält Therapie Abhängigkeit? Beruht Psychotherapie auf Kontrolle und Manipulation? Verbessern Heiltechniken des New Age das Modell der Psychotherapie und erweisen sich daher selbst als schädlich?“ (1) Sie antwortet auf alle diese Fragen mit Ja! Einige Formen von Jungianischer, Existential- und New Age- oder transpersonalen Therapien haben die sogenannte objektivistische, analytische, wissenschaftliche Fassade aufgegeben, und sie stellen in den Brennpunkt, was man „Seel-Sorge“ (soul-making) nennen könnte. Sie machen einfach Therapie zur Religion. Wenn Therapie mit den obigen Warnungen und innerhalb ihrer Begrenzung genommen wird, dann kann sie eine großartige Heilkunst und eine Ergänzung für Zen sein.

Zen ist nicht Therapie. Zen kann therapeutisch wirken, kann einen zu Heilung und Ganzheit führen. Aber das primäre und grundlegende Ziel von Zen ist nicht Wohl-Sein, ein gutes Gefühl oder Gesundheit, Reichtum und Macht zu produzieren. Zen behandelt die letzten Fragen von Leben und Tod und nicht unmittelbare Fragen wie die Aufhebung der Armut, schlechte Gesundheit oder schlechte Beziehungen. Zen fordert dich heraus, in deine Dunkelheit, das Leiden und die Leere einzutreten. Es ruft dich, dich selbst zu verlieren, loszulassen und zu sterben, und durch das Sterben zu Verwandlung und zu Leben zu kommen. Und Zen kann hart und fordernd sein.

Zen braucht Therapie

Nachdem der Unterschied zwischen Zen und Therapie und die Gefahren von zuviel Therapie im Zen geklärt sind, lassen Sie mich sagen, wie Zen die Therapie braucht. Zen kann nicht einfach von Heilung getrennt werden. Man muß zwischen kurieren und heilen unterscheiden. Im Zen geht es um Heilung, darum, wie man sich zu Leiden und Leben verhält. Zen behandelt primär die Seele oder den Geist, und Therapie kümmert sich um die Psyche. Aber Geist, Psyche und Körper sind miteinander verbunden. Dies sind alles Dimensionen einer menschlichen Person. Berühre eines, und du berührst die anderen. In Japan hat sich Zen viel zu sehr mit Form und Formalitäten beschäftigt, mit Handlung und Endergebnis und ist nicht genug in Berührung mit der Psyche, den Emotionen und Gefühlen. Die westliche Psychologie und Therapie hat durch Beobachtung und Behandlung einen großen Fundus an Wissen und Geschicklichkeit im Umgang mit menschlichen Problemen erworben und kann Menschen helfen, ihre Emotionen und Beziehungen in Ordnung zu bringen. Zen ist groß im „Aufstieg", in seinem Aspekt der Negation, der Selbstentleerung, des Eintritts in die Welt der Leere. Aber was den „Abstieg" betrifft, den Eintritt in den Marktplatz der Beziehungen, Emotionen und des alltäglichen Lebens, gibt es nur armselige Richtlinien und Hilfen. Außerdem geht es in der Therapie vor allem um den Bereich des Wohl-seins, um die Psyche, Emotionen und verwirrte Beziehungen. Im Zen geht es um den Geist, um Nicht-Selbst und Nicht-Welt. Daher kann Zen von Psychologie und Therapie in Sachen Sensibilität und Gewahrsein menschlicher Komplexitäten lernen und auch als Partner mit Therapeuten zusammenarbeiten, ohne seine Identität zu verlieren. Nicht nur psychologisches Wissen, aber auch Disziplinen wie Soziologie und Anthropologie können eine große Hilfe dafür sein, Psyche und Gesellschaft zu verstehen. Was wir zu einer Zeit für eine garantierte wissenschaftliche oder universale Wahrheit halten, mag nur eine vorübergehende kulturelle Modeerscheinung sein. Zen selbst ist zeitweise von solchen kulturellen Trends und Bewegungen benutzt worden.

Zen, Abhängigkeit und Heilung

Der Zen-Meister ist nicht allwissend und nicht befähigt, all diese Bereiche zu behandeln. Er/sie sollte sich seiner eigenen Grenzen gewahr sein und auch gewisser Probleme im Umgang mit schwierigen Leuten. Oft kommen Leute zum Zen mit unbewußten Wünschen und Erwartungen anderer Art als der Suche nach Erleuchtung und Erlösung. Sie kommen mit Verletzungen, Wunden und Mustern aus der Vergangenheit. Sucht, Ko-Abhängigkeit, Beziehungsprobleme und sexuelle Probleme, narzißtische und paranoide Tendenzen und andere solche dysfunktionale Haltungen und Verhaltensweisen können in sogenannten „normalen" Leuten stecken. Das kann nicht durch Meditation kuriert oder geheilt werden. Manche mögen irrtümlicherweise denken, daß man durch intensivere Praxis die psychologischen Probleme lösen kann: das ist eine Illusion. Je intensiver und länger die Meditationspraxis ist, desto schlimmer können die Probleme werden. Man mag Jahre der Meditation hinter sich haben, alle Koans beendet haben und sogar autorisiert sein zu lehren, aber man muß deswegen nicht frei von psychischer Unreife oder von einem fehlerhaften Charakter sein. Wissen und Fertigkeiten in einer Dimension übertragen sich nicht auf andere Bereiche.

Es ist wichtig, hier zwischen psychischer Gesundheit und Heiligkeit zu unterscheiden. Man mag psychologisch nicht reif sein, aber man kann verwandelt sein und heilig. Wenn man sich das anders denkt, dann ist das so wie der irrtümliche Glaube, daß ein Heiliger oder ein Weiser immun ist gegen körperliche Krankheit. Erleuchtung vernichtet nicht die menschliche Bedingtheit der erwachten Person. Das Erwachen sollte einem helfen, die eigene menschliche Bedingheit mit Freude und Dankbarkeit zu umarmen und einem helfen, frei zu werden, um das menschliche Leben leben zu lernen – mit all seinen Schwächen und Stärken, Verletzbarkeiten und Abhängigkeiten, Bedürfnissen und Trieben in der Gemeinschaft anderer menschlicher Wesen. Körper, Psyche und Geist arbeiten zusammen, und doch sind sie voneinander unterschieden und haben ihre eigenen Gesetze und Strukturen, die wir respektieren müssen. Versuche nicht, eins aufs andere zu reduzieren oder nur in einem zu leben. Versuche auch nicht, alle Probleme durch das Selbst allein zu lösen oder durch eine Disziplin allein. Stell dir auch nicht vor, daß der Zen-Meister in allen Bereichen kompetent ist.

Viele idealisieren und romantisieren den Meister oder projizieren auf ihn/sie ihre negativen Bilder und Emotionen. Es muß zwischen Lehrer und Schüler Glauben und Vertrauen geben, aber der Glaube muß gereinigt und in reifen Glauben verwandelt werden. Wenn die Beziehung in irgendwelche psychologische Probleme verstrickt ist, zum Beispiel Ko-Abhängigkeit, dann wird mehr Vertrauen und mehr Glauben nicht helfen, einen frei zu machen für reifen Glauben und Freiheit. Der Lehrer und der Sangha können auch mit dem Schüler in dauerhaften dysfunktionalen Verhaltens- und Beziehungsmustern zusammenspielen. Es kann der Fall sein, daß der Sangha samt dem Lehrer selbst eine dysfunktionale Gruppe ist, die sucht, ihre Mitglieder zu kontrollieren und zu manipulieren. (2) Zen-Meditation und Übung sollten den Mitgliedern helfen, ein fruchtbares Leben zu führen und offen für die Welt zu sein. Sehr oft wird Meditation das Ein und Alles, zum

Schaden der Familie und der Arbeit. Das mag Zen-Sucht sein, aber keine erleuchtete Praxis. Und auch wenn da ein Mangel an Offenheit, Freiheit, Fürsorge, Freude und Humor im Sangha ist, ist das ein Zeichen, daß es wahrscheinlich eine dysfunktionale Organisation ist. Meditation allein ist nicht das Kriterium für die Gesundheit des Sangha und auch nicht die Zahl der erleuchteten Personen darin.

Zen-Täuschungen

Viele tragen ein tiefsitzendes Gefühl von Selbst-Ablehnung und Selbst-Herabsetzung in sich. Manchmal können Zen und Spiritualität so ein Gefühl von Selbst-Ablehnung oder Selbst-Haß noch intensivieren. Solche unrealistischen Ideale und Bedürfnisse aufrechtzuerhalten, mag die Flucht vor dem Körper und der Welt unterstützen. Die Rede über Nicht-Selbst, absolute Subjektivität, absolute Leere und ähnliches sind geeignet, den Anfänger und den Unachtsamen in die Irre zu führen. Ein Selbst zu sein und ein Nicht-Selbst zu sein – beides ist richtig. Die Diskussion in Psychologie und Therapie kann eine Hilfe für den richtigen Gebrauch dieser Ausdrücke sein und auch dabei, Menschen mit pathologischen Zügen zu erkennen und ihnen zu helfen. Die Selbstlosigkeit und das Nicht-Anhaften von manchen mag pathologisch sein. Einige psychotische Personen mögen in der Gegenwart gefangen sein und können weder an Gestern noch Morgen denken. Manchen mangelt es an Grenzen des Selbstgefühls und sie können nicht zwischen sich und anderen unterscheiden. Einige haben nur eine geringe Frustrationstoleranz und halten das für Spontaneität und Freiheit. Süchtige und Ko-Abhängige können leicht das Spiel des Zen und des Schülerseins spielen. Psychopathen können wahre Furchtlosigkeit nachahmen und weder

Tod noch Teufel fürchten. Mit sogenannten Borderline-Personen zu tun zu haben, kann äußerst frustrierend und verwirrend sein. Zen hat nicht die Mittel, solchen Menschen zu helfen. Die Zen-Sprache und -Praxis mag die Sache nur schlimmer machen. Medikamentöse Behandlung oder Therapie mag nötig sein, aber nicht Zen.

Aber Therapie ist auch kein Allheilmittel, nicht einmal für die sogenannten psychologischen Probleme. Es gibt Probleme, die keine Therapie lösen oder heilen kann. Man muß sie mit sich herumtragen und sie aushalten. Oft mag am Grund sogenannter psychologischer Probleme eine spirituelle Malaise liegen, die spirituelle Heilung oder Erwachen braucht. Wenn man das nicht sieht, dann kann man endlos Heilmitteln und Kuren nachlaufen, um die Illusion einer vergangenen Jugend zurückzuholen. Es erinnert mich daran, was C.G. Jung an den Gründer von AA schrieb, daß dessen Alkoholismus ein spiritueller Hunger sei, und daß er spirituelle Heilung brauche.

Begehren zu wissen – begehren akzeptiert zu werden

Wir menschlichen Wesen haben zwei grundlegende Triebe oder Antriebe: das Begehren zu wissen und das Begehren, akzeptiert zu werden. Das Begehren zu wissen und die Treue zu diesem Begehren sind es, was zur Erleuchtung treibt und dazu, über sich hinaus zu gehen. Es ist die Sehnsucht nach Wahrheit. Wahrheit ist Freiheit. Aber das Begehren, akzeptiert, geliebt und geschätzt zu werden, das Begehren, begehrt zu werden, kann mit dem Begehren zu wissen in Konflikt geraten. Dann fallen wir in Frustrationen, Komplikationen, Verwicklungen, Enttäuschungen und Hinterlist. Wir beginnen ein Leben, das das Begehren unseres Herzens nicht kennt. Und wir übernehmen die Begehren der anderen, und unser

Begehren wird zu Imitation oder mimetisch. Was wir zu wünschen meinen, mag nicht das sein, was wir wirklich wünschen. Unsere Herzen suchen und verlangen nach Licht, Liebe und Schönheit. Aber wir wissen das nicht. Oder wir trauen uns nicht, dies zu hoffen und entsprechend zu handeln. Und wir sind in einem Netz von mimetischem Begehren, Vergleichen, Rivalitäten, Neid und Gewalt gefangen (3). Das ist die Zweite Edle Wahrheit des Buddha, daß Begehren oder Verlangen die Wurzel von dukkha, Leiden ist. Es ist *mimetisches* Begehren. Dem mimetischen Begehren geht es darum, von anderen anerkannt zu werden, uns selbst zu bestätigen, und es geht um Macht, Sicherheit und Belohnung. Das Begehren zu wissen ist nicht völlig verloren, aber es ist oft überdeckt und deformiert. Kontrolle, Loslösung, Selbsttäuschung, Neurosen füllen unser Leben, und wir leben blutend und in Schmerzen. Wir wissen nicht, wer wir sind, wir wissen nicht, was wir in Wahrheit wollen. Menschliche Liebe und Therapie können unsere Herzen und unseren Geist teilweise heilen. Aber schließlich kann keine Therapie und keine menschliche Freundschaft oder Liebe wirklich die beiden grundlegenden Begehren unseres Herzens erfüllen. „Das Herz begehrt zuviel", sagt Hölderlin. Aber ohne menschliche Liebe und Gemeinschaft kann man andererseits dem Begehren zu wissen nicht folgen. Jemand sagte: „Liebe ist keine Lösung, aber ohne Liebe gibt es keine Lösung." So reisen wir mit anderen Menschen über das Menschliche hinaus. Und kommen dann von dort, von jenseits des Menschlichen, wieder zurück zu den anderen Menschen und der Welt und dem Selbst. Hier betreten wir den Bereich des Religiösen.

II. Christus und Buddha: Zen und Religion

Ich möchte hier zwei miteinander zusammenhängende Fragen anschneiden: Ist Zen eine Religion, und zweitens, was ist die Beziehung zwischen Zen und Christentum?

Braucht Zen Priester?

In Japan ist Zen natürlich eine Religion. Der Zen-Buddhismus ist genauso eine Religion wie jede andere, und im besonderen gehört Zen zur buddhistischen Familie. Meistens ist Zen in Japan mit Begräbnissen, Totengedenkfeiern, Gebeten und Ritualen für die weltlichen Bedürfnisse seiner Gläubigen beschäftigt. (4) Was Zazen oder Meditation anbelangt, ist jeder willkommen, das zu praktizieren, ohne Ansehen von Religion oder Geschlecht. Doch die meisten würden erwarten, daß jemand, der ernsthaft den Weg der Meditation gehen möchte, die buddhistische Ordination auf die Gebote (jukai) annehmen sollte. Von dieser Zeremonie sagt man, daß sie einen zum Buddhisten macht. Und um Übertragung zu bekommen, egal ob im Soto oder im Rinzai, muß man ein buddhistischer Mönch sein. Die Sambokyodan-Schule des Zen, die von Yasutani Hakuun und Yamada Koun gegründet wurde, und zu der ich gehöre, ist eine Laien-Zen-Schule und gehört weder zu Rinzai noch zu Soto. Man gibt hier Übertragung Laien genauso wie Priestern, Nonnen oder Mönchen, und die Jukai-Zeremonie ist für die Übertragung nicht erforderlich.

Im Westen würden die meisten Zen-Lehrer von ihren Anhängern vor allem für die Übertragung die Ordination auf die Gebote verlangen, und daß man Buddhist wird. Einige wenige Lehrer, darunter die Sambokyodan-Lehrer, lehren Zen einfach als Zen und überlassen es dem Schüler, irgendeiner Religion anzuhängen oder keiner. Als Reaktion auf das fundamentalistische Zen, das von den Schülern verlangt, daß sie Buddhisten werden, sagen manche, daß Zen nichts mit Religion zu tun habe und weder religiös noch säkular sei, und daß man den Buddha und die buddhistischen Symbole, Rituale und Sutras aufgeben solle. „Iß, wenn du ißt, geh, wenn du gehst", würden sie sagen. Yamada Koun selbst pflegte zu sagen, daß Zen wie der Geschmack von Tee sei, der für Christen und Buddhisten derselbe ist.

Erleuchtung heißt, zur Leere aller Religionen, Ideologien, Strukturen und Institutionen zu erwachen und befreit zu werden. Als Eno noch nicht der Sechste Patriarch war, kam er zu Meister Konin, dem Fünften Patriarchen, und als Konin fragte, weswegen er käme, sagte er: „Um Buddha zu werden", worauf Konin erwiderte: „Du kannst nicht Buddha werden, weil die Leute aus Reinan keine Buddha-Natur haben." Eno erwiderte: „Obwohl es für Menschen Süden und Norden gibt, wie kann es Süden und Norden für die Buddha-Natur geben?" (5) Der Buddhismus gibt einen Rahmen, in den man gehören und aus dem man für Erleuchtung arbeiten kann, aber im Erwachen wird der Rahmen selbst transzendiert.

Religion und religiös sein

Man muß nicht Buddhist sein, um zum Erwachen zu kommen, und im Erwachen selbst negiert man den Buddhismus oder seine Religion und Institution und geht darüber hinaus. Aber es ist etwas anderes, zu sagen, daß Zen nichts mit Buddhismus zu tun hat oder daß Zen nicht religiös ist. Erstens muß man zwischen Religion und religiös sein unterscheiden.

Religion ist eine Institution und ein System mit seinen Glaubenssätzen, Codes, Symbolen, Autoritätsstrukturen und seiner Priesterschaft. Dies ist der äußere Körper von Religion. Die innere Dimension ist die Erfahrung von Glaube (engl.: faith), Hoffnung, Vertrauen und Hingabe. Der Religionswissenschaftler Wilfred Cantwell Smith zeigt auf, daß der Ausdruck Religion noch nicht alt ist, und daß dieser Ausdruck verdinglicht, was gegenwärtig abläuft. Er bietet eine Alternative für den Ausdruck Religion an: kumulierte Tradition und Glauben. „Kumulierte Tradition" beschreibt die beobachtbaren, historischen Daten, die moralischen Codes und Mythen. „Glaube" ist die Orientierung oder die totale Antwort auf sich selbst, die anderen und das Universum. Es reflektiert die menschliche Kapazität, „aus einer transzendenten Dimension heraus zu sehen, zu fühlen und zu handeln", um einen Sinn zu erkennen, der mehr als nur weltlich ist. (6)

Der Glaube ist die innere Dimension der Religion, und das bedeutet, religiös zu sein, und nicht so sehr, zu einer Religion zu gehören. Diese innere Dimension hat viele Seiten. Das Begehren nach Wissen und das Bedürfnis zu vertrauen gehören beide zur inneren Dynamik einer Religion. Das Begehren zu wissen und das Bedürfnis zu vertrauen werden einen durch unmittelbare Belohnungen und begehrte Objekte hindurch und darüber hinaus führen, zu Fragen der absoluten Wahrheit und des absoluten Vertrauens, der absoluten Vollendung, Güte und Wirklichkeit. „Das Herz der Religion ist eine unbeugsame Leidenschaft für Wahrheit", und das Begehren nach Wahrheit kann nur voll realisiert werden, wenn es einen absoluten Boden für unser Vertrauen gibt, „daß das Universum vertrauenswürdig ist" oder „daß die Wirklichkeit grundlegend Sinn hat". Angenommen, eine Mutter tröstet ihr Kind, das sich fürchtet, und sagt: „Hab keine Angst, alles ist in Ordnung", lügt die Mutter dann das Kind an? Der Soziologe Peter

Berger meint dazu: „..die Antwort im tiefsten Sinn kann nur dann „nein“ sein, wenn die religiöse Interpretation der menschlichen Existenz irgendwie wahr ist.“ (7)

*Grenz-Erfahrungen und Grenz-Fragen**

Die Treue gegenüber diesem Begehren nach Wissen, gegenüber dem Gefühl einer absoluten Wahrheit, und die Hingabe an die unbekannte Wirklichkeit, in die einen das führt, und auch unser Gefühl für Güte und Mitfühlen, das alles nenne ich „religiös“. Dies betrifft die Fragen nach der letzten Dimension von Leben und Welt. Sie drängen sich vor allem in den sogenannten Grenz-Erfahrungen und Grenz-Fragen auf. Die Grenz-Erfahrungen von tragischen Unglücksfällen, von Versagen, Tod, aber auch genauso von Schönheit, Freude und Liebe können uns dorthin bringen, wo uns keine Begründungen oder Erklärungen mehr zufriedenstellen können. Es gibt darin mehr als das Unmittelbare und Augenfällige, etwas, das mehr ist als unser eigenes Denken, Wollen und Tun, und das mehr ist als bloß ein Gegenstand da draußen, mehr als bloß ein Problem, das man bewältigen muß. Diese Erfahrungen können uns für das Geheimnis des Lebens öffnen. Die Grenzfragen bringen uns an die Grenze unseres Denkens und unserer Vernunft, an die Grenzen des Wissens, der Wissenschaft und Moral. Warum bin ich Wissenschaftler? Warum suche ich nach der Wahrheit? Warum bin ich moralisch? Diese Fragen bringen uns an die Grenzen des Wissbaren und öffnen uns für das Nicht-Wissbare. In Grenzerfahrungen und Grenzfragen erfaßt uns das Geheimnis des Nicht-Wissbaren, und der Grund unseres Lebens enthüllt sich als das Mysterium, das

* Engl.: boundary experiences and limit-questions

gnädig ist. Von diesem Mysterium kann man weder sagen, es ist außen, noch, es ist innen, weder oben noch unten. Es ist uns fremd, und doch sind wir seiner teilhaftig. Und das ganze Leben, alle Wirklichkeit, ist seine Präsentation. Ohne ein Gefühl für diesen absoluten und all-umfassenden Grund und die gnadenhafte Realität enden wir in Relativismus, Nihilismus, Skeptizismus und Absurdität. (8). Aber wie schon gesagt, dieses religiöse Gefühl ist symbolisches Bewußtsein und kann nicht aufs Buchstäbliche und Vernünftige reduziert werden. Vieldeutigkeit, Vielschichtigkeit und Paradoxie sind die Natur des religiösen Bewußtseins. Eine mittelalterliche Ermahnung bringt dieses Paradox gut zum Ausdruck: Bete, als ob alles von dir abhinge, und arbeite, als ob alles von Gott abhinge. Im religiösen Akt sind alle Polaritäten geeint und realisiert.

Religion heißt, den Weg zu finden (Religion is Route-finding)

Religiös zu sein, heißt nicht notwendigerweise, zu einer Religion zu gehören. Aber beides ist eng miteinander verbunden. Religion als eine „kumulative Tradition" bzw. als ein System von Symbolen und Strukturen ist selbst nicht das Geheimnis, aber es ist die Repräsentation des Geheimnisses, es ist ein sich der ursprünglichen Zuversicht wieder Versichern und das Vehikel des Glaubens. Religion artikuliert die letzte Grundlage unseres moralischen Kodex, der Suche nach Sinn, Wahrheit und Vertrauen, und hilft unserer Realisierung des Geheimnisses durch Symbole, Rituale und Handlungen. Religion ist „den Weg finden" (John Bowker) durch die dunklen Täler, die endlosen Wüsten und das bedeutungslose Chaos des Lebens. Religion gibt einen Rahmen, eine Orientierung, einen Beziehungspunkt. Durch ihre kumulative Tradition artikuliert sie für uns die ultimative Hoffnung und die Vision des Lebens und gründet so gerade dieses Leben auf Erden. Und sie ruft uns zu Gehorsam und Hingabe, ohne die unser religiöses Bewußtsein nur eine Fata Morgana ist.

Jede große religiöse Tradition ist vollständig und erfüllt, aber keine erschöpft das religiöse Bewußtsein, und keine kann Wahrheit und Wirklichkeit vollständig repräsentieren. Jede ist vollständig und doch nur ein Teil. Abgesehen davon hat jede eine Geschichte aus Verirrungen und Dunkelheit, aus Unterdrückung und Bösem. Denn als eine menschliche Einrichtung ist Religion das Subjekt der Kräfte von Selbsterhaltung, von Wettbewerb, Verdächtigungen, Mißtrauen und Einseitigkeit. Gute Samen und Unkraut sind miteinander vermischt. Aber solange wir Menschen sind, brauchen wir Institutionen und Strukturen und können dem nicht entkommen. Zu glauben, daß Menschen als Gemeinschaft und Gruppe ohne Religion religiös sein können, ist eine gefährliche Illusion.

Zen: Konfessionell, säkular, christlich?

Ich habe ziemlich lange erklärt, was Religion und die Beziehung von Religion und religiös sein bedeutet. Zen ist religiös, sonst ist es nicht Zen. Manche versuchen, Zen zu einer rein säkularen Sache zu machen – japanische Geschäftsleute machen Zen, um ihren Samurai-Geist zu schärfen, in den Kriegskünsten übt man Zen, um die Kräfte des Samadhi zu bekommen, und manche Meister lehren es als einen Weg des Gewahrseins im täglichen Leben. All dies mag gut sein, aber es ist noch nicht Zen. Im Zen geht es um die letzten Dinge. Es ist eine Frage nach dem Wissen, das man nicht wissen kann, und Hingabe an das tiefste Geheimnis der Existenz, das jenseits unserer Kontrolle und Manipulation liegt. Ja, Zen ist religiös, aber was hat es mit Religion zu tun? Ist es vom Buddhismus nicht trennbar? Sollten Leute aus dem Westen, die Zen üben, Buddhisten werden? Oder kann ein Christ Zen üben? Kann es christliche Zen-Meister geben? Oder nur Meister, die zufällig Christen, Buddhisten oder ohne Religion sind? Muß ein Zen-Übender die buddhistischen Symbole behalten, oder kann er sie weglassen? Im Westen hat es, wie vorher erwähnt, zwei Extreme gegeben, das konfessionelle, fundamentalistische, buddhistische Zen und ein säkulares, a-historisches, a-religiöses Zen. Manche nennen ein drittes, das christliche Zen. Das sogenannte christliche Zen gehört eher zum konfessionellen Zen. Gibt es einen Weg dazwischen, jenseits dieser Extreme?

Wenn Zen in den Westen kommt, braucht man nicht Buddhist werden, um Zen zu praktizieren. Etwas anderes anzunehmen, bedeutet, das Erwachen im wesentlichen zu einem Wechsel der religiösen Gemeinschaft und der Bekehrung zum Buddhismus zu machen. Manche werden Buddhisten werden. Sie werden eine Minorität bilden, eben eine Sekte. Die bekehrten Zen-Buddhisten sind keine Hoffnung für Zen im Westen. Es wird andere Gruppen von Minoritäten geben, die zu keiner Religion, keiner Sekte gehören und sich selbst als säkulare Humanisten bezeichnen. Auch dies ist für Zen keine Zukunft. Die Majorität der Praktizierenden im Westen werden Christen sein – praktizierende Christen, Randchristen, ausgestiegene Christen – aber alle fühlen als Christen und benehmen sich wie Christen. Wieviel diese Vorhersagen wert sind, überlasse ich der Zukunft. Ich möchte jetzt eine Vision des Zen für den Westen zeichnen, vor allem für zen-übende Christen.

Was auch immer deine Religion – oder auch keine Religion – sei, wenn du tief in Zen gehen willst, wirst du in die „kumulative Tradition" des Zen-Buddhismus gelangen: vor allem in die zen-buddhistische Sprache, in die Symbole,

Sutren, Erzählungen und Riten." Hinüber gehen" und „zurückkommen"[56]: die treffende Redewendung des Theologen John Dunne ist jetzt gut bekannt. Um genuines Zen zu üben, mußt du hinübergehen in die Zen-Tradition und in die Vision des Zen. Erwachen und Realisierung sollten weder auf den Zen-Buddhismus reduziert werden noch untrennbar mit ihm verbunden sein. Und doch, wenn das Erwachen völlig vom Buddhismus getrennt und entwurzelt ist, wird es seine Verankerung verlieren und verdorren. Manche Christen möchten so etwas versuchen, oder sie möchten sagen, daß alles, was wahr und tief ist im Zen, bereits im Christentum ist, und daß sie es daher vorziehen, die buddhistischen Symbole und die Sprache abzulegen. Wenn man Zen so behandelt, dann domestiziert man es. Es ist der Stil der Missionare! Es ist eine fehlgeleitete und fruchtlose Anstrengung.

Christ sein und Zen-Üben

Nein, Zen und Christentum mögen in dieselbe Richtung deuten, mögen eins im Herzen sein. Ihre Traditionen und Symbole aber unterscheiden sich. Man sollte das eine nicht aufs andere reduzieren. Es ist ihre Ähnlichkeit und Unähnlichkeit, die eine Neuschöpfung und Freiheit ermöglichen. Ein Christ muß lernen, loszulassen, hinüberzugehen, zu sterben, in Zen und in die Zen-Tradition hinein. Wenn er gestorben ist, kann er/sie zum Leben zurückkommen. Ähnlich ist es für den Buddhisten. Ein Buddhist muß loslassen und seinem/ihrem Buddhismus sterben. Dann kann er/sie wahrhaftig Buddhist sein.

---

[56] Hinübergehen: passing over; Anspielung auf engl. Passover, Pesach-Fest: das Fest, an dem die Juden den Auszug und die Rettung aus Ägypten feiern. Ostern, das Fest von Tod und Auferstehung Jesu, ist in etwa termingleich.

Ein Christ muß durch das Nicht-Christ-sein hindurchgehen, und ein Buddhist durch das Nicht-Buddhist-sein, um wirklich ein wahrer Christ, ein wahrer Buddhist zu werden. Vielleicht kann ein Übender, der nur Buddhist ist, nicht die ganze Tiefe und Breite des Zen erfassen. Und ein Christ, der nur Christ ist, kann nicht alle Reichtümer des Christentums erfassen. In der heutigen Welt können wir nicht mehr nur Menschen einer Religion sein. Wir haben von anderen zu lernen, mit anderen im Dialog zu sein. Aus solchen Interaktionen kommt Kreativität. Für Zen-Übende sollte das nicht nur ein bloßes Kopfwissen sein oder eine Sache des Auswählens und Herauspickens einiger weniger Worte, Redewendungen und Symbole. Um echt und lebensspendend zu sein, muß es ein Hinübergehen und ein Hineinsterben in das andere sein. Nur dann ist man befreit zu Religion und zum Leben. Dann wird Zen den Christen das Christentum enthüllen, und das Christentum wird Zen den Buddhisten enthüllen.

Stufen der Entwicklung des Glaubens

Probleme entstehen nicht einfach wegen des intellektuellen Verständnisses, sondern eher durch den emotionalen und moralischen Zustand der Übenden. Man hat das menschliche Wachstum und die Entwicklung im emotionalen, intellektuellen, moralischen und religiösen Bereich untersucht. So wie jemand physisch durch Kindheit, Pubertät, Erwachsenenalter und Greisenalter hindurch wächst, so wächst man auch in den anderen Dimensionen in verschiedenen Stufen. Jede Stufe hat ihre eigene psychische Struktur und ihre eigene Bedeutungswelt. Sex zum Beispiel hat für ein fünfjähriges Kind einen anderen Ton und eine andere Bedeutung als für eine zwanzig- oder eine fünfzigjährige Person. Und die physischen, emotionalen, moralischen und religiösen Bedeutungen werden ebenfalls je nach Entwicklungsalter und -stufe in diesen Bereichen variieren. Jemand mag körperlich erwachsen sein, aber emotional unreif. Jemand mag intellektuell fortgeschritten sein, aber emotional oder religiös verarmt. Natürlich ist jede Stufe in sich selbst der Möglichkeit nach vollständig und erfüllt. Konversion und Heiligkeit können auf jeder Stufe auftreten. Tatsächlich besteht Wachstum in einer Serie von Konversionen, die beinhalten, daß man das alte Selbst und seine Verhaltensmuster und Emotionen losläßt und ein neues Selbst annimmt. Doch müssen wir auch die verschiedenen Wachstumsstadien in den verschiedenen Gebieten verstehen und respektieren. Religiöse Sprache, Erzählungen, Rituale, ethische Lehren und Einsichten bieten einen Rahmen dafür und helfen uns in den religiösen Übergängen von einer Stufe zu einer anderen. Wie A.N. Whitehead schrieb, beinhaltet Religion den Übergang von Gott, der Leere, zu Gott, dem Feind – und von Gott, dem Feind, zu Gott, dem Gefährten.

Ich möchte hier kurz die Theorie der stufenweisen Entwicklung des Glaubens (engl. faith) nach James W. Fowler erwähnen. Es gibt viele Fragen dazu, aber der allgemeine Rahmen ist hilfreich, um unsere Entwicklung im Glauben zu verstehen (9). Glaube ist nach Fowler ein Prozeß, in dem Wissen konstituiert wird. Dadurch werden das eigene Selbst und die Welt in Bezug auf den letzten Sinn konstituiert. Die Verpflichtung auf Wert-Zentren vereinheitlicht unser Leben. Glaube ist ein „unreduzierbar relationales Phänomen".

Fowler schlägt sieben Stufen der Entwicklung des Glaubens vor:

1. Ursprünglicher Glaube: Das ist eine vor-sprachliche Disposition von Vertrauen und Loyalität, die aus der Beziehung der Personen, die sich um das Kind sorgen, entsteht.

Es ist ein ursprüngliches und rudimentäres Sich-Verlassen auf die Vor-Bilder vertrauenswürdiger Absolutheit, die die Angst vor Trennung und die Bedrohung durch Verneinung ausgleichen können.

2. Intuitiv-projektiver Glaube: Hier findet nun eine Art von Strukturierung und Ordnung der emotionalen und wahrnehmungsmäßigen Erfahrung statt. Es ist ein Nachahmungsglaube und erfüllt von Phantasiebildern und Mustern, die negativ oder positiv sein können.
3. Mythisch-buchstäblicher Glaube: Erzählte Geschichte und ein Gefühl für Fairness strukturieren diese Stufe. Gut sein wird belohnt, böse sein bestraft. Es gibt noch keine Innerlichkeit des Selbst oder der anderen. Das kann zu selbstgerechtem Perfektionismus führen oder zu Gefühlen von Böse-sein und Unwürdigkeit, wenn man von anderen zurückgewiesen oder schlecht behandelt wird.
4. Synthetisch-konventioneller Glaube: Das ist ein wechselseitiges, interpersonales Annehmen von Perspektiven. Das Selbstsein leitet sich ab von wichtigen Beziehungen und Rollen. Es wird zentral, daß das Selbst von bedeutungsvollen Anderen wiedergespiegelt wird. Es ist eine interpersonale, aber konformistische Stufe. Zur selben Zeit formen Mythen und Geschichten von persönlichen Errungenschaften und Identitäten die Personalität. Die absolute Wirklichkeit wird als Person vorgestellt, die uns kennt und Beziehung zu uns hat. Die Gefahr ist, zu viel von den Erwartungen und Anforderungen anderer anzunehmen und zu verletzbar für Betrug in zwischenmenschlichen Beziehungen zu sein.
5. Individueller-reflektiver Glaube: Glaubenssysteme und Werte werden kritisch untersucht. Äußere Autoritäten werden zurückgewiesen. Symbole und Rituale werden entmythologisiert. Wahl, Verantwortung und Kontrolle

werden von überragender Bedeutung. Die Gefahr liegt in dem übergroßen Vertrauen auf die Kräfte der Vernunft, in einer leichten Verletzbarkeit durch Selbsttäuschung und in der Konformität mit Gruppenideologien. Ein Gefühl von Verlust und Schuld kann der Unterton sein.

6. Verbindender Glaube: Es wächst nun ein Gewahrsein für die Unangemessenheit der Vernunft und für die polare Spannung und das Paradox in sich selbst und in der Wahrheit. Man wird offen für Wahrheiten von anderen Gemeinschaften und Traditionen, und man versteht, daß die absolute Wahrheit jenseits eines bestimmten Individuums oder einer bestimmten Tradition liegt. Diese Stufe „kombiniert die Loyalität zu den Werten und dem Glauben seiner primären Gruppe mit der Loyalität zu der Wirklichkeit der Gemeinschaft der Gemeinschaften." Man erwirbt eine „ironische Imagination", d.h. die Fähigkeit, sich voll in symbolischen Ausdrücken zu engagieren, während man zugleich ihre Relativität und Unzulänglichkeit realisiert. Die Gefahr liegt darin, von den unlösbaren Paradoxen und Polaritäten gelähmt zu werden.
7. Universalisierender Glaube: Eine Art von Kenosis[57] kennzeichnet diese Stufe – Dezentrierung, Selbst-Entäußerung und Loslösung. Man fühlt sich der Gerechtigkeit und Liebe in der Welt verpflichtet. „Eine Identifikation mit oder eine Teilnahme an dem Absoluten bewirkt eine Transformation, in der man aus einer Zentrierung im Absoluten heraus zu lieben und zu werten beginnt."

[57] Kenosis, griech., Entäußerung, Entleeerung

Drei Kennzeichen des Gläubigen

Ich möchte hier die „Drei Merkmale eines Gläubigen" nach dem Erzähler Graham Greene zitieren, als Portrait eines reifen Gläubigen.

„Zunächst hat der Gläubige ein unruhiges Gewissen und ist daher unfähig, selbst geringfügige Verstöße unberührt zu begehen. Zweitens identifiziert sich der Gläubige mit allen menschlichen Wesen – den Guten, den Bösen und den Indifferenten – und ist daher kaum ein Kandidat für totalitäre Verführungen. Schließlich hat der Gläubige eine gewisse Fähigkeit, nicht loyal zu sein – nicht loyal zu bestehenden Arrangements, Fürstlichkeiten und Mächten. Der Gläubige hat kein Talent für die üblichen Entschuldigungen. Die Phrase „Ich habe nur Befehlen gehorcht" würde dem Gläubigen im Hals stecken bleiben." (10)

Erwachsener Glaube fürchtet sich nicht, hinüberzugehen (engl. to pass over) und den Standpunkt des anderen einzunehmen. Es kann leidenschaftlichen Glauben und Verpflichtung geben, ohne daß man vergötzend an den Ideologien seiner Gruppe hängt. Viele Christen fürchten sich, ihren Glauben zu verlieren, wenn sie sich mit dem buddhistischen Zen beschäftigen. Ich selbst ging durch eine solche Phase in meinen frühen Zen-Tagen. Ich gab damals das Christentum praktisch auf, da ich das Gefühl hatte, daß Zen und Christentum unvereinbar sind. Es war ein großer Schmerz und viel Leiden. Erst als ich tief ins Zen eintauchte, entdeckte ich, daß ich wirklich genau ins Herz des Christentum eingetreten war, und als ich ins Christentum ging, entdeckte ich die Tiefe des Zen. Aber halten Sie das nicht für eine Vermischung von Zen und Christentum. Ich bin jetzt tief und wahrhaftig Christ und tief und wahrhaftig Zen-Buddhist. Das Christentum erleuchtet mir den Zen, und Zen erleuchtet und beglaubigt mir das Christentum. Wenn ich Zen lehre, dann benütze ich die Zen-Sprache und die Symbole des Zen, mit gelegentlichen Illustrationen aus der christlichen Tradition. Aber es ist Zen als Zen. Es ist nicht christliches Zen und auch nicht Zen-Christentum, sondern Zen, das in der buddhistischen Tradition verwurzelt ist, aber über den Buddhismus hinausgegangen ist und im Dialog mit dem Christentum steht. Es ist schließlich meine eigene Tiefe der Realisierung, die das Zen beleuchtet und lebendig macht.

Zweifache Praxis und Zweisprachigkeit

Manche sprechen von „zweifacher Praxis und religiöser Zweisprachigkeit". Wenn das nur als ein Wechsel des Denkgebäudes oder ein Hineingehen in ein anderes kulturelles Symbolsystem gesehen wird, dann wird das ein Fehlschlag sein. Nur wenn jemand durch Loslassen und Sterben hindurchgegangen ist, kann eine solche Zweisprachigkeit fruchtbar und sinnvoll sein. Abgesehen davon wird es für einen Christen natürlich sein, seine/ihre Grundlage und Orientierung im Christentum zu haben. Der Zen-Buddhismus wird auch sein/ihr Zuhause sein, aber das Christentum wird das erste und natürliche Daheim sein. Wo immer du zu Hause bist, im Christentum oder im Zen, laß dich nicht völlig nieder! Erinnere dich an Graham Greenes „Drei Merkmale des Gläubigen". Ruben Habito, Zen-Lehrer und Theologe, erklärt diese Zweisprachigkeit und zweifache Praxis so:

„Die Analogie zwischen einer zweifachen religiösen Praxis und sprachlicher Fertigkeit ist in der Tat erhellend. Mit anderen Worten, es geht nicht darum, Worte oder sogar Sätze von einer Sprache in die andere zu übersetzen und zu parallelisieren, sondern darum, die Worte und Sätze zu verstehen, die in einer Sprache im Zusammenhang ihres gesamten Gerüsts gebraucht werden,

und dann, basierend auf diesem Verständnis, den eigenen geistigen Rahmen in den der anderen Sprache zu verschieben und aus diesem größeren Kontext heraus die angemessenen Worte und Sätze zu finden, um in diesem neuen Zusammenhang ein eigenes Verständnis auszudrücken. Was einen zu wirklicher Zweisprachigkeit befähigt, ist daher nicht, äquivalente Elemente in dem einem religiösen/linguistischen Zusammenhang zu finden und dem anderen gegenüberzustellen, sondern die religiösen/linguistischen Zusammenhänge in ihrer Ganzheit zu verstehen." (11)

Ein Christ kann Zen wahrhaft und authentisch praktizieren; er/sie muß nicht sein/ihr Christentum aufgeben. Aber er/sie wird Gott absterben müssen, und Christus absterben müssen, und hinübergehen in die zen-buddhistische Tradition und Sprache. Er/sie muß nicht die Ordination auf die Gebote (Jukai) nehmen und muß auch kein Buddhist werden, um dem Buddha nachzufolgen. Aber er/sie sollte den Buddha und den Dharma verehren, ohne sie zu Idolen zu machen.

Ein Jünger Jesu Christi kann dem Weg des Buddha folgen, ohne in Widerspruch zu geraten. Aber das verlangt einen reifen Glauben. Treue zu Christus und zur Kirche heißt nicht Gruppenfanatismus. (Dasselbe gilt auch für Zen-Buddhisten.) Aber der historische Jesus und die christliche Tradition sollten nicht zu Randerscheinungen oder wegerklärt werden. Für den Christen ist „Gottes Geheimnis weiter als das in Jesus Enthüllte, aber Gott kann nicht weniger sein als das in Jesus Enthüllte" (Roger Haight). Jesus zu folgen, heißt mit Christus und zu Christus hin zu sterben und in das österliche Geheimnis einzutreten. Christus ist nicht mehr Gegenstand, sondern Subjekt. In Christus, dem Subjekt, triffst du den Buddha und die Patriarchen von Angesicht zu Angesicht und gehst Hand in Hand mit ihnen. Und du kannst Zuflucht nehmen zu Buddha, Dharma und Sangha.

Buddham saranam gacchami!

Dharma und Sangha brauchen vielleicht keine Erläuterung, aber lassen Sie mich einige Worte über Buddha sagen. Auf der wortwörtlichen, historischen Ebene ist Buddha „Shakyamuni Buddha“. Auf einer tieferen, personalen Ebene ist Buddha das erwachte Selbst, das Formlose, das Wahre Selbst eines jeden von uns. Auf der absoluten Ebene ist Buddha Nicht-Buddha, Formlose Leere. In einer anderen Dimension ist alles und jedes die Manifestation der Buddha-Natur, ist alles und jedes Buddha-Natur. Christus, der Gesalbte, ist ebenfalls „Der Erwachte“. Das wahre Selbst ist das Christus-Selbst. Wenn man Zuflucht zu Buddha nimmt, tritt man in dieses vielfältige Geheimnis ein. Aber versuche dich nicht an solche Ideen zu halten. Wenn du das tust, dann wirst du dich selbst zweiteilen, und Buddha und Christus werden vermischt werden. Und bleibe nicht am Buchstaben hängen. Tritt ein in das Symbol und vollziehe den religiösen Akt. In diesem Akt ist das ganze Universum versammelt. Darin gehst du über Buddha und Christus hinaus, und gleichzeitig erwachst du zu Buddha in Christus und zu Christus in Buddha. (Für viele bedeutet Jesus Christus personale Beziehung und Buddha das Prinzip der Erleuchtung. Wenn dir das hilft, ist es in Ordnung.)

Das Ti-Sarana, die Zufluchtnahme zu Buddha, Dharma und Sangha, gründet und verbindet uns mit beidem, der Geschichte und dem, was jenseits der Geschichte ist. Es verbindet uns mit all den Buddhisten und all den Suchern. Es drückt unsere Dankbarkeit gegenüber den Drei Juwelen aus. Es ruft uns heim zum Wahren Selbst, es zeigt uns Unser Ursprüngliches Gesicht und verbindet uns mit Erde, Zeit, Geschichte und Menschen. In Wirklichkeit ruft es uns, zu dem Subjekt zu erwachen, das wir sind, jenseits von Gegenständen und Vergegenständlichungen.

Buddham Saranam Gacchami!

III. Das Antlitz und der Ruf: Zen und Ethik

In diesem letzten Kapitel möchte ich mich mit der Frage befassen: Hat Zen irgendetwas mit Ethik und Gerechtigkeit in der Welt zu tun? Hat Zen eine Ethik? Eine Zen-Ethik? Oder ist Zen ohne Ethik und Moralität? In welchem Verhältnis zur Erleuchtung steht das Handeln in der Welt? Wenn das Erwachen nichts mit Moralität und Ethik zu tun hat, mit Fragen der Gerechtigkeit und der Sorge für die anderen und die Welt, dann ist das Erwachen bedeutungslos. Wenn Erleuchtung und Moralität und Ethik untrennbar miteinander verknüpft sind, dann könnte Erleuchtung auf Handlungsweisen und Ethik reduziert werden.

„Mit anderen Worten, das ‚Entleeren der Leere in der Geschichte', die ‚absolute Vermittlung historischer Ereignisse', die ‚Rückkehr zur Welt (genso)' vom Standpunkt des Absoluten Nichts aus erwartet echte Real-isierung (die Betonung liegt auf dem Bindestrich), nicht nur in wissenschaftlichen, künstlerischen, kulturellen und anderen Ereignissen unseres geschichtlichen Lebens... aber an diesem Punkt der Geschichte sind angesichts der vitalen ethischen Aufgaben, die mit unserem blanken Überleben als Gemeinschaft auf dieser Erde zu tun haben, andere Aufgaben viel wichtiger – Probleme ökonomischer Ungerechtigkeit, der körperlichen und strukturellen Gewalt, die an Individuen und Gemeinschaften auf unserem ganzen Erdball verübt werden, Probleme der Zerstörung der Ökologie, der Menschenrechte, der Rechte der Tiere, der Rechte der Erde, usw.“, schreibt Ruben Habito (12).

Der Buddhismus hat kein gutes Zeugnis bekommen

In dieser Beziehung ist die Geschichte des Buddhismus in Japan und die Geschichte des Buddhismus im allgemeinen sehr negativ. Winston King zählt einige der wichtigeren Passiva auf, die der Buddhismus zeigt, wenn es um die ethischen Fragen geht, die gegenwärtig die Welt betreffen: (13)

1. Der transzendentale Idealismus: Zeit, Geschichte, Raum, und das heißt diese Welt, werden abgewertet. Die Geschichte hat keine wirkliche Bedeutung, historischer Fortschritt ist reversibel (oder nicht-existent), und daher sind historische Ziele nur beiläufige Wirklichkeiten.
2. Die Raum-Zeit-Ordnung (Samsara) ist nicht zu retten: Gerechtigkeit, Verbesserung der sozialen Ordnung und derartige Unternehmungen sind hoffnungs- und nutzlos.
3. Philosophischer „Idealismus" statt „Realismus": Geistige Zustände oder Entitäten werden vor allem im Mahayana als die primäre Wirklichkeit angesehen. Und in der Sichtweise des Hua-Yen[58] ist das Ganze im Teil und der Teil im Ganzen. Daher wird die einzelne Person entwertet, und alle Wesen sind von gleichem Wert. Dann haben Viren denselben Wert und dieselbe Würde wie alle anderen Wesen, Menschen eingeschlossen.
4. Das Böse ist eine Frage der Perspektive: Nur nach der Erleuchtung kann man effektiv für die Welt arbeiten. Aber Erleuchtung bedeutet, daß man alles bereits als vollständig und vollendet sieht, und daß die Welt keine Verbesserung braucht.
5. Karma und Wiedergeburt: Diese haben die Tendenz, sozialen Determinismus zu produzieren und den Status Quo zu rechtfertigen.
6. *„Frauen sind im Buddhismus von Anfang an mit nur gelegentlichen Ausnahmen hartnäckig abgewertet worden. Natürlich ist der Buddhismus mit der Unterordnung der*

---

[58] Hua-yen, vgl. Kap. 1, Anm. 25

Frauen nicht allein. Hinduismus, Christentum und Islam haben das weitgehend auch durchgängig so praktiziert – und zumindest das Christentum hat seine Bruchstückchen aus dem modernen Feminismus genommen. Aber keine dieser Religionen hat die Unterordnung der Frauen so früh und platt festgeschrieben und so voll institutionalisiert wie der Buddhismus."

7. Wegen der Theorie des Nicht-Selbst (anatta) und wegen des unaufhörlichen Flusses der Phänomene (Dharmas) hält man das Selbst für ein Gewebe illusionärer Erfahrungen. Der Buddhismus scheint keine wirklich solide Basis für Selbstwert zu haben, einen Wert, der in der heutigen Welt so sehr gepriesen wird, genauso wenig wie für das Eintreten für Menschenrechte.

King zählt dann einige positive Faktoren auf, die der buddhistischen Ethik förderlich sind, und meint, daß für den Buddhismus „Hoffnung besteht", da er sich aus seinem traditionellen asiatischen Bereich in verschiedenen Formen und unterschiedlichen Ausprägungen in die weitere Welt hinausbewegt hat.

Viele haben den Buddhismus auf unkritische Weise hochgelobt, ohne daß sie die dunklere Seite der historischen und sozialen Wirklichkeit des asiatischen Buddhismus bemerkt hätten. Und viele sind nun mit der Rekonstruktion des Buddhismus für den Westen beschäftigt. Rita Gross gehört dazu, vor allem in Sachen Feminismus. Sie hat für den traditionellen Buddhismus harte Worte:

„Die Art von Befreiung, die von Buddhisten gesucht wurde, vor allem im frühen indischen Buddhismus, war nicht das Ergebnis von Gerechtigkeit und Rechtschaffenheit, sondern von Achtsamkeit, Gewahrsein, Loslassen und Ruhe. Wie ich früher gesagt habe, dem Buddhismus fehlte einfach die Stimme der Propheten. Befreiung würde, so dachte man, nicht durch gerechte soziale

Bodhidharma als Frau
Bitte, sieh mich an: Eine Schein-Verwandlung von Daruma

Formen, sondern durch Askese unterstützt. Daher war die Frage nach besseren oder schlechteren sozialen Formen für die Buddhisten von geringer Konsequenz. Sie haben die Kriegsführung nicht verdammt; sie haben sie einfach für Mönche nicht gestattet, weil ein Soldat den geistigen Zustand, der zur Befreiung führt, nicht aufrecht halten kann. Wirtschaftliche Ausbeutung wurde nicht verdammt; die Mönche entsagten einfach der ökonomischen Selbstständigkeit, weil Gier und Anhaften allzu wahrscheinlich die Begleiter wirtschaftlicher Aktivitäten sind. Die Hierarchie der Geschlechter wurde von jenen, die sie praktizierten, in der gleichen Weise nicht als spirituell schädlich angesehen, wie Kriegsführung und Gier auch nicht als schädlich oder Hindernis für die Befreiung im nicht-spirituellen Bereich betrachtet wurden." (14)

Ist das japanische Zen befreiend?

Kommen wir zum japanischen Zen im speziellen: Die japanische Gesellschaft ist bis vor kurzem eine der repressivsten Gesellschaften gewesen. Die Kriege im mittelalterlichen Japan waren nicht weniger wild und brutal als jene im Westen. Die jetzt so hochgeschätzte japanische Ästhetik war zum Teil eine eskapistische Antwort des Adels auf die repressiven sozialen Strukturen. Zen war kein Element des Wandels und der Revolution in der Gesellschaft, sondern unterstützte den Status Quo und die Herrschenden. Zen-Mönche und -Meister benutzten die geheiligten Ausdrücke des Zen, um die Unterdrückung der Menschen zu rechtfertigen: Nicht-Selbst, Leere, ursprüngliche Erleuchtung, Harmonie (**wa**), Nicht-Zweiheit des Selbst und des Anderen, Gleichheit als Differenzierung und Differenzierung als Gleichheit, die Unterscheidung von Absolutem und Relativem, usw. – all dies wurde in pervertierte Slogans umgewandelt. In der Meiji-Zeit (1868-1912) schrien Zen-Leute, „Zen fördern, um das Land zu schützen“, denn die Interessen beider waren für sie identisch. Das japanische Zen nahm den Nationalismus und Imperialismus der Shinto-Ideologie und die konfuzianische Familien- und Staatsethik in sich auf. Man sprach von Erleuchtung, aber die Sprache der Erleuchtung wurde verwendet, um die Ideologie von monastischen Strukturen und feudaler Hierarchie aufrechtzuerhalten. Zen hatte keine kritische Haltung gegenüber Staat und Kultur. Zu meinen, daß Erleuchtung oder der Wandel des Bewußtseins selbst die Gesellschaft ändern werden, ist eine Illusion. Wissen, Ideen und Bewußtsein sind eine Funktion der historischen und sozialen Ordnung. Man sagt, daß die Theorie bestimmt, was wir sehen können. Aber wenn du sehen willst, mußt du lernen zu handeln. Selbstverständlich bedingen Wissen und Bewußtsein, Handlung und soziales Bewußtsein einander wechselseitig.

Die Gier nach Ekstase und ihre Fallstricke

Zen ist fasziniert von reiner Aktivität, die einen Bereich spontaner, freier, natürlicher Bewegung repräsentiert. Es ist eine Verabsolutierung und Totalisierung des Empfindens, und man fühlt sich frei von allen Zurückhaltungen und Zwängen, befreit vom Planen, Nachdenken und der Wahl zwischen Gut und Böse. Zen trainiert seine Schüler zu solch reiner Aktivität, sei es nun in der Koan-Arbeit, in der Kunst, im Leben oder im Krieg. Man sagt, das sei die Realisierung des muga, des Nicht-Selbst. Dies ist eine Verzerrung des Nicht-Selbst, aber ich möchte dazu zwei Zitate anführen. Im ersten geht es um einen Bomber-Piloten, der während des Zweiten Weltkriegs im Cockpit seines Flugzeugs saß und durch Zen inspiriert wurde:

„Ein Bomberpilot, der sein Ziel erreicht, hat den Schweiß des ‚muga', ehe er seine Bombe löst. ‚Es ist nicht er, der es tut.' Da ist in seinem Geist kein Beobachter-Selbst übrig. Auch von jemandem, der eine Flugabwehrkanone bedient und die Welt um sich her vergessen hat, wird in ähnlicher Weise gesagt, daß er ‚den Schweiß des muga' hat und das Beobachter-Selbst eliminiert hat. Dahinter steht die Idee, daß in allen solchen Fällen die Leute in dieser Verfassung in ihrer Top-Form sind." (15)

Das zweite Zitat wird von Harada Sogaku Roshi überliefert (1870-1961):

„Vergiß (den Unterschied zwischen) selbst und anderen in jeder Situation. Du solltest immer vollständig eins mit deiner Arbeit werden. (Wenn befohlen wird zu) marschieren: trab, trab, wenn befohlen wird zu) schießen: päng päng. Dies ist der klare Ausdruck der höchsten Bodhi-Weisheit, der Einheit von Zen und Krieg..." (16)

„Zen ist nicht Buddhismus"

Viele erleuchtete Meister waren genauso blind, engstirnig und unmoralisch wie irgendwelche unerleuchtete Menschen. Daher ist es kein Wunder, daß Zen von vielen als unethisch, gegen die Gesetze, obskurantistisch und irrelevant angesehen wird. Einige neigen dazu, im Zen den kommenden Übermenschen Nietzsches zu glorifizieren. Aber viele Zen-Gelehrte überdenken nun den Platz der Ethik im Zen. Ein Artikel mit dem Titel „Zen ist nicht Buddhismus" wurde schon weiter oben erwähnt. Hakayama Noriaki, ein Gelehrter der Komazawa-Universität (die zur Soto-Schule gehört), wird in diesem Artikel zitiert. Er kritisiert Zen für seinen Anti-Intellektualismus und dafür, daß Buddhismus und japanische Lebensweise und Kultur zusammenfallen:

„Ich habe gesagt, ‚Zen ist nicht Buddhismus', aber ich erinnere mich nicht, jemals gesagt zu haben: ‚Chinesischer Ch'an ist nicht Buddhismus'. Dieser Unterschied mag geringfügig erscheinen, aber es ist eine wichtige Unterscheidung. Der Grund dafür ist, daß alles, was keinen Versuch unternimmt, eine „kritische Philosophie" auf der Grundlage des Intellekts (prajna) zu entwickeln, sondern nur ein „Zen der Erfahrung" (dhyana, tib. bsam gtan) ist, sei es in Indien oder Tibet oder wo immer, nicht Buddhismus genannt werden kann." (17)

Ichikawa Hakugen (1902-1986), ein anderer Kritiker innerhalb des Zen, findet harte Worte für die Zen-Geschichte der jüngsten Vergangenheit:

„Womit hat der moderne Buddhismus sich selbst in Harmonie gebracht? Mit dem Staats-Shinto, mit der Macht und Autorität des Staates, mit dem Militarismus ebenso wie mit dem Krieg. Wogegen war der moderne japanische Buddhismus nicht resistent? Gegen den Staats-Shinto, gegen staatliche Macht und Autorität, gegen Militarismus, gegen Invasionskriege. Gegenüber was zeigte der moderne japanische Buddhismus Toleranz? Gegenüber jenen, mit denen er harmonisierte, gegenüber der persönlichen Verantwortung für den Krieg." (18)

Aber Zen im Westen wandelt sich

Es gibt nun schwungvolle Veränderungen im Buddhismus und in buddhistischen Ländern, inspiriert durch Marxismus und westliche Ideale und Werte. Ob sich die Hauptlinie des Buddhismus radikal wandeln wird, kann man nicht vorhersagen. Aber der Buddhismus im Westen erlebt bemerkenswerte Verwandlungen und ist Zeuge der Hochzeit von Buddhismus und Feminismus. Westliche Ideale und Werte werden von der buddhistischen Vision, den Symbolen und Gedanken neu geformt und begründet. Einfach auf dem Kissen zu sitzen und Gewahrsein oder Koans zu praktizieren, wird nicht die Veränderung des Buddhismus und der Welt hervorbringen. Buddhistische Symbole und innere Strukturen müssen umgewandelt werden, gemeinsam mit der persönlichen Konversion und Transformation. Und ein Buddhismus, der von den Wirklichkeiten der Welt getrennt ist, ist ein toter Buddhismus. Zen im Westen ist keine Ausnahme. Wenn man den Buddhismus im allgemeinen und die buddhistische Ethik beiseite läßt, wo ist der Platz der Zen-Ethik? In der Tat reden alle, die über Zen-Ethik sprechen, in Begriffen der buddhistischen Ethik und Vision. Aber das ist nicht angemessen. Vom frühen Buddhismus sagt man, daß er eine ethische Religion war. Aber zwischen dem Sich-Einlassen mit der Welt und der Flucht aus der Welt hat es immer Spannung gegeben, wobei die Entsagung höher bewertet wurde. Der Mahayana-Buddhismus legte mehr Wert auf dieses Leben und die Freude daran. Das Ideal des Bodhisattva wurde das zentrale ethische Ideal. Aber dieses Ideal war zu idealistisch, und außerdem war es personalistisch und verwandelte nicht die Welt. In allen Formen des Buddhismus war, wie schon früher gesagt, die Ethik eher introvertiert. Die Frage der Gerechtigkeit, die Rücksicht auf den anderen als anderen und der Antrieb zur Verwandlung der Welt ist zum Verstummen gebracht worden oder fehlt.

Zen ist keine Ethik

Ich möchte mich hier mit Zen und Ethik befassen, nicht einfach mit buddhistischer Ethik.

Meine erste These ist: Zen ist keine Ethik. Es gibt keine Ethik des Zen als solche, die aus dem Zen allein entsteht.

Nach all dem oben schon Gesagten mag diese These nicht aufregend klingen, aber ich möchte das erklären.

Erleuchtung ist keine besondere Sicht und kein besonderer Standpunkt. Es ist ein Loslassen aller Sichtweisen und Standpunkte. Es ist Negation, Loslassen, Sterben. „Die Welt ist nicht die Welt, daher nennt man die Welt die Welt." Die Welt ist nicht die Welt; Berge sind nicht Berge, Bäume sind nicht Bäume, du bist nicht du, ich bin nicht ich (siehe Kap. 4). In dieser Dimension des Leer-Werdens werden auch Moralität und Religion transzendiert. Man fällt aus der Welt der Moral und aus der Welt der Bedeutungen heraus. Sowohl für Moralität als auch für Religion ist die Negation und Transzendierung eine wesentliche Phase. Moralität ist nicht Erleuchtung, Ethik ist nicht Sunyata. Es gibt keinen direkten Übergang von Moralität oder Rechtschaffenheit zu Sunyata/Leerheit. Daher heißt es: „Ein böser Mönch kommt direkt in den Himmel, ein rechtschaffener Mönch fällt direkt in die Hölle."

Auch im christlichen Evangelium ist es genauso. Gott liebt die Sünder und stößt die Recht-schaffenen zurück. Das sagt: Gottes Liebe und Gnade können nicht mit den eigenen Tugenden und Verdiensten gleichgesetzt werden. Der hl. Paulus rang mit dieser Frage von Gnade und menschlichen Werken und verkündete, daß Menschen nur durch Gottes Gnade aus Glauben gerechtfertigt und nicht durch ihre verdienstvollen und tugendhaften Werke gerettet werden. Sunyata/Leerheit, Erwachen und genauso Gnade und Rechtfertigung sind transmoralisch.

Dies ist Freiheit **von** Moralität, von Religion, von der Herrschaft des Anderen. Aber dies ist nur eine Seite, es ist negative Freiheit. Die andere Seite ist Freiheit **für.** Es ist Leerheit als Fülle. Es ist ein Heim-Kommen zu sich selbst, zur Welt, zu den anderen, und auch zu Religion und Moralität. Aber zuerst wird diese positive Freiheit als Soheit, Geschenk und Gnade erfahren. Man erfährt sich selbst als bedingungslos bejaht und akzeptiert, erkannt und geliebt. Mit sich selbst, mit allem und jedem und der ganzen Welt. Es ist die Vision der Schönheit und Güte im eigenen Herzen und im Herzen des Universums.[59] Leere ist Geheimnis, das Gnade ist. Und du bist der Ort dieser offenbarenden Erfahrung. Alles ist wunderbar, alles ist Gnade. Ein Sandkorn ist das ganze Universum. Alle Zeiten sind jetzt. Die Blume blüht so, wie sie blüht; der Fluß fließt so, wie er fließt.

Diese zweifache Beschreibung dreht sich um das Herz des Zen. Es ist das Erwachen zu deinem Ursprünglichen Gesicht. Und es ist jenseits von Moral, Ethik, Religion, jenseits von Wissen und Nicht-Wissen, jenseits davon, ein Sünder oder ein Heiliger zu sein. In diesem Sinn ist Zen weder Ethik noch Moralität. Das Ziel der Zen-Übung ist es, zu dieser Wirklichkeit zu erwachen. Der Zen-Meister ist primär dazu da, um einem zu diesem Erwachen zu helfen.

Das Antlitz der Sunyata

Für Sören Kierkegaard kommen wir aus der Verzweiflung dadurch zur Religion, daß wir uns für uns selbst im Licht der Unendlichkeit entscheiden. Es geht nicht darum, einem vernünftigen Gesetz zu gehorchen, sondern ein Leben in der Dimension unendlicher Wahlmöglichkeiten zu führen. Es ist ein großes Ja, ein Amen, zu unserem eigenen Sein und unserer Existenz, ein Sprung im Glauben. Für Fjodor Dostojewskij öffnen wir uns der Gnade dadurch, daß wir uns der Welt öffnen. Die Welt zurückzuweisen bedeutet, sich in sich selbst zu

[59] siehe A. Arokiasamy, Leere und Fülle, München 1991, Kapitel 6, Die zehn Ochsenbilder.

verschließen, und das endet im Ekel vor sich selbst. Ekel und Selbst-Ekel sind der Brennstoff für die Projektion eines bösen Außen und führen zu Terror und Gewalt. Weil wir uns nicht als Teil des Bösen sehen wollen, trennen wir uns selbst von der Welt ab. Bekehrung ist es, wenn wir uns selbst und die Welt trotz des Falschen und des Übels als gut sehen. Dann kommen wir dazu, uns selbst als Teil der Welt und unsere Verantwortung zu akzeptieren: „Wir alle sind zu tadeln", und nicht „Niemand ist zu tadeln". Und wir werden dazu geführt, Liebe von anderen zu akzeptieren. Denn wir werden liebesfähig dadurch, daß wir geliebt werden. Man kann nicht getrennt von der Welt zu Selbstbejahung und Würde kommen. Für Kierkegaard kommt Erlösung aus der Verzweiflung durch Selbstbejahung im Glauben und durch Mut im Licht des Unendlichen. Für Dostojewskij kommt sie dadurch, daß wir uns öffnen, um die Liebe von Menschen zu empfangen und sie zu akzeptieren. (19)

Mit dieser Beschreibung möchte ich einen Rahmen geben für das, was folgt. Im Erwachen werde ich erlöst, um ich selbst zu sein, und die Welt ist Sein-lassen in Soheit. Das Selbst, die Anderen und die Welt werden in Soheit, in So-ist-es-heit, und als Geschenk und Gnade empfangen. Aber die Aktualisierung und Beglaubigung finden in unserer Antwort auf den Ruf des Anderen statt. Der andere Mensch ist das Gesicht von Sunyata/Leerheit, das sich mir zuwendet. Der menschliche Andere ist beides, Geschenk und Ruf. Unsere grundlegende Orientierung auf den anderen als Geschenk und Ruf ist unsere ethische Orientierung.

Das Selbst als Anderer

Der Andere ist zuerst mein eigenes Gesicht und die Stimme meines eigenen Herzens. Aber der Andere kommt als der

Fremde zu mir, als Nicht-Ich. Das ist dann eine große Versuchung, die Andersheit des Anderen zu negieren und den anderen in mein Ego-Selbst zu verschlucken. Aber der Andere kommt als Geschenk und als Ruf, den ich nicht einfach kontrollieren und manipulieren kann. Doch der Andere steht nicht nur in Andersheit. Der Andere ist für mich konstitutiv und inter-subjektiv. Und ich kann auch als der Andere dastehen, als Ich-Es, Ich-Du, und Ich-Ich. Die Andersheit des Anderen, des inter-subjektiven Anderen, und des Anderen als ich selbst, alle drei gründen in dem vermittelnden Grund von interpersonaler Beziehung und Dialog. Die Ich-Du-Beziehung hat da einen zentralen Platz. Ich möchte – mit einigen Philosophen – für die interpersonale Beziehung, die ich nicht kontrollieren kann, „das Angesicht" sagen. (20)

Das Angesicht des Anderen ist Geschenk und Gnade. Es kommt als Offenbarung der Anmut und Schönheit und überwältigt mich. Das Angesicht kommt auch als Stimme in der Tiefe meines Herzens zu mir mit einem unentrinnbaren und bedingungslosen Anspruch. Das Angesicht kann arm und hilflos zu mir kommen und mich in der Tiefe meiner eigenen Armut, Machtlosigkeit und Verletzbarkeit berühren. Da ist in uns eine angeborene, universale altruistische Tendenz – nenne es Buddha-Natur oder Bodhicitta – die zu jenen in Not hinausgeht, unabhängig von unseren sozialen Konditionierungen, von Belohnungen oder Bestrafungen. Natürlich können sich unsere Herzen auch in Herzen aus Stein und Bösartigkeit verwandeln. Aber die unseren Herzen eingeborene Güte, die durch das Antlitz des Anderen hevorgerufen wird, ist unsere Erlösung. So wird der andere das Kriterium der Authentizität unserer Erleuchtung/Realisierung. Die Geheimnisse unseres Herzens werden durch das Angesicht enthüllt. Das Angesicht kann auch anklagend und feindlich kommen. Dies wird Schuld, Angst oder Zorn in uns aktivieren. Es kann uns dann zu Selbstprüfung, Bekenntnis, Wahrhaftigkeit, Vergebung, Mut, Furchtlosigkeit oder Mitfühlen rufen.

Das Geschenk und der Ruf des anderen

Der andere ist unentrinnbares Faktum und Bedeutung unserer Existenz. Nur jetzt, nicht als Verdammnis oder Unterdrückung, sondern als Geschenk und Gnade, als Gelübde und Ruf. Es ist der andere Mensch, der uns in die Existenz hineinruft und uns überall hindurch begleitet: Er ist für uns das Tor in die Offenheit des Universums. Dieser andere ist nicht bloß der andere im allgemeinen, sondern die individuelle konkrete Person, die in unser Leben getreten ist und uns nun begegnet. Der Ruf des anderen ist das erste, dem wir Aufmerksamkeit schenken. Wahre Aufmerksamkeit ist, sagt Iris Murdoch, „der gerechte und liebende Blick auf eine individuelle Wirklichkeit". Nikolaj Berdjajev hat gesagt, „die größte Sünde des Zeitalters ist, das Konkrete abstrakt zu machen." Der andere wird für uns wirklich, und wir werden wirklich, wenn unsere Herzen durch den anderen durch liebende Aufmerksamkeit bewegt werden. Das Angesicht des anderen erweckt unser Herz, und unser Herz wird verletzbar. Wir können unser Herz schließen, den anderen in einen Gegenstand verwandeln und unsere Emotionen manipulieren. Das ist der Weg des Todes. Oder wir können das Angesicht des anderen betrachten, in die Tiefe unseres Herzens lauschen und uns von Liebe und Mitfühlen führen lassen. Dies ist der Weg des Lebens. Aber der letztere Weg wird uns öffnen für die Sorge und das Leiden des Herzens, für Schmerz und Bluten genauso wie für Freude und Ekstase. Die menschliche Existenz hat eine tragische Dimension, in ihrem Herzen liegen Unsicherheit und Ungewißheit. Wir werden immer und immer wieder versucht sein, aus der

Verletzbarkeit und Machtlosigkeit angesichts des anderen zu flüchten und absolute Sicherheiten und Garantien von der menschlichen Bedingheit verlangen. Der Weg der Erlösung und der authentischen Freiheit, wie Kierkegaard und Dostojewskij sagen, liegt in der Hingabe an das unendliche Geheimnis – das Sunyata/Leere ist, und darin, uns selbst den anderen hinzugeben und sie in uns zu empfangen. Tatsächlich ist das nicht zweierlei: das eine aktualisiert und authentisiert sich im anderen.

Die Schattenseite: Krankheit und Medizin

Dunkelheit in unseren Herzen

Ich möchte bei der Vieldeutigkeit und Dunkelheit unserer Herzen etwas verweilen. Wenn wir aus der menschlichen Bedingtheit flüchten, das Angesicht des Anderen verleugnen und irgendwelche unwandelbaren Absolutheiten und Unsterblichkeiten suchen, dann öffnen wir das Tor unserer Herzen für das Dunkel und das Übel. In Richtung Übel gehen Tendenzen zur Verabsolutierung und Totalisierung. Totalisierung nenne ich es, wenn ein Teil, also z.B. eine Emotion oder eine Idee, die ganze Person verschlingt. Der Grund mag das Verlangen nach Ekstase sein. Dies ist eine Gefahr, die im Zen liegt, in seinen verabsolutierenden Tendenzen und dem Verlangen, unsere menschliche Bedingtheit zu negieren. So kam es, daß einige Zenmeister eine leichte Beute der nationalistischen, imperialistischen Politik und der Interessen der japanischen Regierung während des Zweiten Weltkriegs wurden und Krieg und Mord predigen konnten. Die Zen-Philosophen der sogenannten Kyoto-Schule sprechen beredt über Zen und Nichts, aber manche von ihnen identifizierten sich selbst mit dem nationalistischen, faschistischen Imperialismus. Aber keiner von ihnen, ausgenommen Hajime Tanabe, der mit Zen nichts zu tun hatte, drückte öffentlich Bedauern aus und entschuldigte sich[60]. Wie geht Zen mit diesem „Defekt“ in der menschlichen Natur um?

Robert J. Lifton hat untersucht, wie die Nazi-Ärzte „mit gutem Gewissen“ an der Tötung von unschuldigen Menschen mitarbeiteten. Er beschreibt den psychologischen Mechanismus, der in dieser Selbsttäuschung mitspielt, als „Verdoppelung“. (21) In der „Verdoppelung“ teilt sich das Selbst in zwei Teile. Das eine Teil-Selbst agierte als das ganze Selbst; das frühere Selbst gab dem Arzt ein Gefühl, der humane Arzt zu sein, der er vorher gewesen war. Das Auschwitz-Selbst war mit dem früheren Selbst verknüpft und trotzdem autonom. Lifton stellte an den Auschwitz-Ärzten fest:

„Tendenzen zu Schuld und Selbstverdammung, zu innerer Trennung des ‚zerrissenen Zustands‘ als einer Neigung zu Verdoppelung und Faust-ähnlichem Verhalten, zu allen oder keinen Verpflichtungen oder zu ideologischem Totalitarismus, und zu einem Hunger nach Unsterblichkeit, der vom Tod gejagt wird. Dies alles nährte das Auschwitz-Selbst.“ (S. 498) Es überredete sich selbst, daß es nur den „Krebs“ der Juden am Körper des Volkes heilte. Es enthielt ein „psychisches Betäubt-werden“, so daß das, was da vor den Augen geschah, nicht als Wirklichkeit zählte und das Herz der Person nicht berührte.

„Die Sprache, die sie benützten, gab den Nazi-Ärzten eine Sprechweise, in der Töten nicht länger Töten war, und auch nicht

[60] Vergessen wird hier Kiyoshi Miki, der einzige Philosoph der Kyoto-Schule, der die nationalistischen Tendenzen scharf kritisierte. Er wurde verhaftet und starb im September 1945 im Gefängnis. In den Darstellungen der Kyoto-Schule wird er meist übergangen.

als Töten erfahren oder nicht einmal wahrgenommen werden mußte. Und während sie in dieser Sprache lebten – und sie verwendeten sie untereinander – wurden die Nazi-Ärzte in ihrer Imagination in einen psychischen Bereich der Entwirklichung, der Ableugnung und des Nicht-Fühlens eingebunden." (S. 445)

Und die Ärzte fanden teilweise Sinn in der Routine ihrer Arbeit:

„Der Sinn begann eher in der Ausführung der täglichen Aufgaben zu liegen als in der Art und den Folgen dieser Aufgaben... Indem sie nicht gegen das Auschwitz-Projekt kämpften, behielten sie ihre bedeutungsvollen Bindungen an die Organisation und ihre Standesehre... Das Auschwitz-Selbst jedes Arztes konnte ein gewisses Gefühl der Vermittlung zwischen Mensch und Natur und daher der Rettung von Leben ausmachen, selbst wenn er tötete."

Lifton zitiert einen Überlebenden von Auschwitz, der sagt: *„Diese Welt ist nicht diese Welt.*" Das kann einen an den Ausspruch des Diamant-Sutras erinnern: „Die Welt ist nicht die Welt, deshalb wird die Welt die Welt genannt." Der Überlebende machte diese Bemerkung, als er sich in seinem bequemen Zimmer in seinem Haus umsah. Lifton kommentiert:

„Ich denke, was er meinte, war, daß die gewöhnlichen Rhythmen und Erscheinungen des Lebens, auch wenn sie unschuldig oder angenehm sind, nach Auschwitz von der Wahrheit menschlicher Existenz weit entfernt sind. Unter jenen Rhythmen und Erscheinungen liegen Dunkelheit und Unrat."

Lifton hat einige ernste Befürchtungen wegen des zeitgenössischen Selbst:

„Jenseits der Erfahrung mit Nazis oder Türken können bestimmte Charakteristika des gegenwärtigen Selbstes und seiner Erfahrung historischer Verwirrung es besonders dafür anfällig machen, sich an Völkermorden zu orientieren. Ich denke da an solche Charakteristika wie den erbitterten Hunger nach Sinn, der aus dem Verlust der symbolischen Verankerung kommt, bis hin

zur Verwirrung über die endlosen Bilder von Möglichkeiten, denen man ausgesetzt ist, und dazu der verstärkte Kampf mit der Todesangst, die aus den Vorstellungen von nuklearer Vernichtung oder sogar von Ausrottung kommt. Daraus kann ein Hin- und Herschaukeln zwischen dem Stil des Proteus (wiederholte Verschiebungen in dem, womit sich das Selbst beschäftigt und was es glaubt) resultieren und dem beschränkten Stil (kompensatorische Verengung der Beschäftigung des Selbst und Suche nach einem einzigen Weg zur Wahrheit). Dieser kompensatorische Kampf gegen das proteische Experiment kann sich in verschiedenen Arten gesellschaftlicher Reinigung ausformen und kann zu einer kollektiven Folge von Vertreibungen über Totalitarismus zu Quälereien bis zu Völkermord führen." (S. 499)

Andere haben bemerkt, wie die Angst, linkisch oder schwach zu wirken oder das Gesicht vor anderen zu verlieren sowie auch der Konformismus einen dazu führen können, der Ermordung anderer zuzustimmen – wohingegen ein menschliches Miteinander-Verbundensein viele Nicht-Juden dazu führte, die Juden zu beschützen und zu retten. Ich spreche über diese Ereignisse, um zu zeigen, daß in einer Praxis wie Zen immer die Gefahr besteht, daß unser Herz-Geist geblendet wird und dem Bösen verfällt.

Zen ist ethisch, aber keine Ethik

Bis jetzt habe ich beschrieben, wie das Antlitz des Anderen als Geschenk und Ruf zu uns kommt, und wie wir das Gesicht entweder annehmen oder ablehnen können. Was ich „Ruf" nenne, entspricht dem Gelübde des Bodhisattva. Es gibt in unserem Sein eine wesentliche Verbundenheit mit einer Orientierung auf den anderen. Doch der Ruf des Anderen und unsere Antwort sind mehr als nur natürliche Bestimmung. Es ist eine Frage von Freiheit und Gnade, Berufung und Bestimmung, und es beinhaltet unsere Erlösung oder Verdammung. Erlösung bedeutet, unsere authentische Selbstheit zu aktualisieren.

Ist das, was ich beschreibe, Zen oder Ethik des Zen? Was ich beschrieben habe, ist einfach das wesentliche Faktum des menschlichen und zwischenmenschlichen Seins. Erleuchtung ist nicht voll authentisiert, außer in dieser Orientierung am Herzen und seiner Realisierung. Wenn man diese Orientierung annimmt und bejaht, ist das die Dimension der Ethik. Aber es ist noch keine Ethik. Ethik würde weitere Vorschriften, Prinzipien, Verbote, Tugenden, den Charakter und einen Lebensstil umfassen. Aber die grundlegende Orientierung des Herzens auf den anderen hin ist ethisch, und dies ist das Herz der Ethik. In diesem Sinn ist Zen grundlegend ethisch. Und Zen kann viel zur Formung eines solchen Herzens beitragen. Aber ob Zen eine Ethik hat, die im eigentlichen Sinn Zen-Ethik genannt werden kann, ist eine andere Frage.

Eine Frage an Zen

Es gibt hier auch einige andere Fragen an Zen. Für die erwachte Person ist alles und jedes die Präsentation von Sunyata/Leere. Form ist Leere, Leere ist Form. Das erleuchtete Auge sieht alles ohne Unterscheidung und als gleich an. Aber kann Zen die individuelle menschliche Person als einzigartig und besonders werten und schätzen? Natürlich spricht Zen über schlechte Gleichheit oder schlechtes Einssein und von Gleichheit in Unterscheidung und Unterscheidung in Gleichheit. Aber hier liegt die Gefahr, das Gefühl für die Kostbarkeit, den Wert und die Würde und Unentbehrlichkeit der einzelnen menschlichen Person zu verlieren. Zen scheint sich selbst

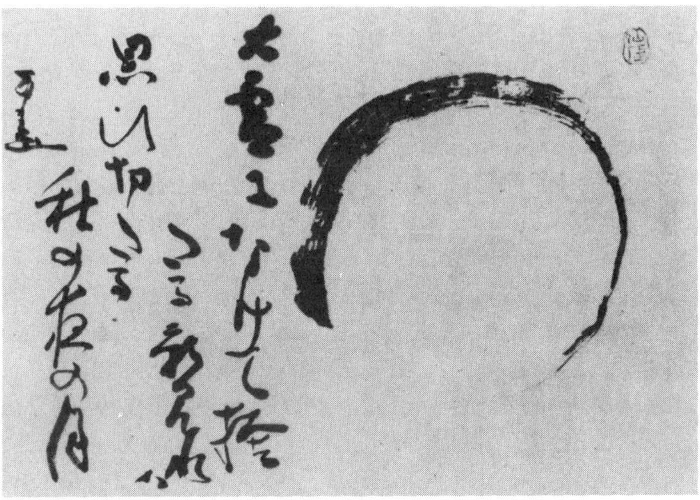

in irgendeinem kosmischen, naturalistischen, unpersönlichen Gefühlston zu verlieren, wo alles gleich ist und alles in gleicher Weise verschieden. Wenn man dazu die buddhistische Theorie von pratitya samutpada hinzufügt, d.h. das gemeinsame Entstehen in Abhängigkeit, dann ist die einzelne Person in einem System gefangen und als bloßes Glied der ganzen Kette verloren. Der Ruf, der vom Antlitz des Anderen kommt, kann die Kette für dich nicht brechen, das Antlitz verschwindet in einem ersetzbaren Teil. Sogar das wunderbare Bodhisattva-Gelübde des Mitgefühls tendiert dazu, das Individuum zu einem Fall des Allgemeinen zu machen. Der Bodhisattva tauscht Selbst und Andere aus. Das ist wunderbar, es ist das Herz des Einfühlens. Aber es ist nicht genug. In authentischem Mitgefühl muß die Andersheit des Anderen respektiert werden, sogar während man sich mit dem anderen identifiziert. Vom Mitfühlen des Bodhisattva heißt es, es sei nicht zweigeteilt und nicht diskriminierend. Das ist gut, wenn es als Unterordnung von Selbstliebe und Selbstinteresse unter das Wohlergehen des Anderen und der Welt verstanden wird. Aber von dem sogenannten nicht-dualistischen Mitfühlen sagt man, daß es einen Floh, eine Fliege und einen Menschen gleich behandelt. Ist also der Virus und das menschliche Wesen in gleicher Weise zu lieben und zu werten? (26) Auf der absoluten Ebene sind beide leer, in Ordnung. Aber was für eine Bedeutung hat es hier und jetzt? Wirst du das menschliche Wesen retten oder wirst du den Virus retten?

Menschen als die Mitte

Dies bringt uns zur Frage nach dem Ort des menschlichen Wesens im Kosmos. Einige Ökologen finden im Buddhismus und im Zen die Rechtfertigung dafür, daß Menschen auf gleicher Stufe mit anderen Wesen stehen, weder höher noch niedriger sind, so entbehrlich oder unentbehrlich wie jede andere Spezies. Dies ist eine kurzsichtige und falsche Vision von Gleichheit. Menschliche Wesen sind, wie Gabriel Moran zeigt, weder ganz oben noch ganz unten, noch Seite an Seite, sondern sie sind in der Mitte. Das menschliche Wesen, Frau und Mann, stehen in der Mitte des Kosmos, spiegeln sich und verkörpern in sich das Ganze der Natur, einen Mikrokosmos, und sind sowohl Diener als auch Verwalter. Nur durch den Herz-Geist des menschlichen Wesens kann die Welt als Welt realisiert werden. Nur wenn der einzelne Mensch geschätzt und wertgeschätzt wird, können die Natur, die Tiere und alle Wesen gehegt und geschätzt werden.

„Die Menschen müssen in der Mitte bleiben, weil sie die einzigartigsten Wesen sind, die die Erde hervorgebracht hat. Doch sie sind nicht völlig einzigartig. Obwohl sie der Statur nach klein sind, sogar im Verhältnis zu anderen kleinen Lebewesen der Erde, ist das einzigartige menschliche Wesen die zerbrechliche Mitte aller Bedeutung, die bisher zu erreichen war. … Das zunehmende Miteinbegriffensein geht in Richtung auf die Mitte konzentrischer Kreise oder in Richtung auf die Mitte einer Kugel. Aufeinanderfolgende Ebenen von Geschöpfen verkörpern frühere Ebenen des Lebens. Schließlich ist genau in der Mitte die Glorie und die Gefahr des ganzen Prozesses. Andere Lebewesen auf Erden haben Naturen; sie werden mit wohlgeformten Maßen geboren, sie reifen, sie sterben. Die menschliche Natur ist so, daß sie über sich selbst hinausgeht, die Leere in der Mitte der Natur, wo alle Natur sich trifft. Die Menschen sind nicht in der Natur wie in einer Schachtel; Menschen sind das Innere der Natur in dem Sinn, daß sie die Verkörperung aller Natur sind.“ (22)

Zen ist groß, wenn es um Hilfen zur Realisierung unseres ursprünglichen Antlitzes geht. Aber wenn es darum geht, das Antlitz des Anderen zu kontemplieren und seinem Ruf zu lauschen, da ist es schwach und unsicher. Freilich kann Zen das Herz vorbereiten; es reinigt, formt und verwandelt das Herz. Doch für eine authentische und effektive Verwandlung muß es das Antlitz liebend kontemplieren und demütig dem Ruf lauschen. Wenn das Herz für Sunyata/Leere geöffnet ist, darin verweilt und aus der Leere hervortritt, dann kann es sich dem anderen bedingungslos hingeben. Doch seine Sinne und sein Empfindungsvermögen, die Gefühle und Vorstellungen, das Denken und Verhalten müssen geformt und neu geformt werden. Grundsätze und Vorschriften müssen geklärt werden, Gewohnheiten und Tugenden gepflegt werden. Ethik als Fürsorge und Ethik als Gerechtigkeit, beides muß klargelegt und in die Praxis umgesetzt werden. Die Ethik der Gerechtigkeit arbeitet mit Grundsätzen, mit Rationalität und Unparteilichkeit. Die Ethik des Fürsorgens beschäftigt sich mit Beziehungen, Zusammenhang und Mitfühlen.

Der Philosoph Charles Taylor spricht von drei Gütern, die der Westen erreicht oder akzeptiert hat: das Ideal der selbstverantwortlichen Vernunft, die Güte des gewöhnlichen Lebens, und das Ideal universalen und unparteiischen Wohlwollens. Zen ist vor allem im dritten Bereich schwach gewesen.

Der Buddha legte die Vierte Edle Wahrheit als den Weg zur Befreiung von Begehren und Leiden dar. Es ist der Achtfache Pfad (Rechtes Verstehen, Rechtes Denken, Rechtes Reden, Rechtes Handeln, Rechter Lebensunterhalt, Rechtes Bemühen, Rechte Achtsamkeit, und Rechte Versenkung). Diese können in der Dreifaltigkeit von sila (Moralität), prajna/panna (Weisheit), und samadhi (Konzentration) zusammengefaßt werden.

(Sila ist nicht Moralität im Sinn der Beziehung zu anderen, sondern Selbstkontrolle durch Befolgung der Gebote und Regeln.) Die buddhistischen Gebote (Du sollst nicht stehlen, nicht töten...) und die Paramitas (Tugenden wie Geben, Moralität, Geduld, Ausdauer, Konzentration und Weisheit) sind im westlichen Kontext entwickelt und von manchen als die buddhistische Ethik für den Westen angeboten worden. Ob eine solche exklusive buddhistische Ethik machbar und lebbar ist, das ist eine Frage an die Zukunft.

„Du sollst nicht stehlen, du sollst nicht lügen." Ist dies spezifisch buddhistisch? Was entwickelt werden kann, sind ein buddhistischer Rahmen und eine buddhistische Motivation, Farbe, Ton und Textur für ethische Orientierung und Grundsätze. Sogar dies kann nicht ohne das Gespräch mit dem Westen und christlichen Werten und Gedanken artikuliert und entwickelt werden. Und wenn man in der westlichen Welt eine eigene Gruppe gründet, mit einem eigenen moralischen Idiom und einer Sprache, die nicht mit anderen geteilt werden kann, dann wird sich die Gruppe in eine Sekte verwandeln, die innen bequem und gemütlich ist, aber ineffektiv und unkreativ.

Ich spreche hier jene an, die nicht Buddhisten sind, aber dem Zen-Weg folgen. Zen befaßt sich vor allem mit dem Erwachen. Das erwachte menschliche Wesen oder eines auf dem Weg zum Erwachen ist nur dann ein authentisches menschliches Wesen, wenn es vom Antlitz des anderen als Geschenk und Ruf angesprochen wird. „Verlasse niemals das Haus, aber sei immer auf dem Weg; auf dem Weg, aber niemals daheim." Dies ist ebenfalls die Anweisung des Mahayana: „Halte dich um des Nirvana willen nicht im Samsara auf, halte dich nicht im Nirvana auf, um des Samsara willen." Aber Zen muß für sich selbst die Bedeutung des Antlitz des anderen weiter klären. Die Orientierung am anderen ist die grundlegende, paradigmatische ethische Orientierung. Diese Orientierung am anderen geht durch das Herz. So wird es also eine „Moral des Herzens" sein: des gereinigten Herzens, des erneuerten, neu geformten und verwandelten Herzens – in der Antwort auf das Antlitz des Anderen. Ein solches Herz wird für Zen das Werkzeug einer Ethik sein. Diese Ethik muß sowohl von der Ethik der Gerechtigkeit als auch von der Ethik des Mitfühlens umfaßt sein. Gerechtigkeit muß das Mitfühlen beständig machen, Mitfühlen die Gerechtigkeit mäßigen. Eine solche Entwicklung von Ethik und Formierung des Herzens wird von Zen-Anhängern durch den Dialog mit dem Christentum und der Welt zustande gebracht werden. Zen-Erfahrung und Symbole, christliche Werte und Prinzipien, und die Gedanken, Wünsche und Bilder der Welt werden ihrer Empfindungsfähigkeit, ihren Strategien und Praktiken Form und Gestalt geben. Es gibt keine Ethik des Zen als solche, die nur im Zen ihre Rechtfertigung und Begründung findet. Es kann keine einzige moralische Sprache geben, nicht einmal für die Gruppe der Zen-Buddhisten. Man kann der Vielfältigkeit und Verschiedenartigkeit nicht entgehen. Außerdem hat die Zen-Tradition, genau wie die christliche Tradition, ihre eigenen Vieldeutigkeiten und dunklen Seiten. So braucht es beständige Reinigung, Neu-Bewertung und Verwandlung der Symbole, Grundsätze und Werte. Selbsttäuschung und Verblendung sind unsere ständigen Gefährten. Unser Heilmittel dafür ist, offen zu sein für andere und andere Gruppen, die unterschiedlich denken und fühlen, und mit ihnen im Gespräch zu sein und zusammenzuarbeiten.

Liebe ist eine Richtung, nicht ein Seelen-Zustand (23)

Statt zu versuchen, Grundsätze, Vorschriften und Regeln zu entwickeln, muß der Brennpunkt für Zen das Herz und die Formierung und Transformierung des Herzens sein. Herz ist:

Emotionen werden bewußt. Emotionen schließen Werte, Wahrnehmung und Bedeutung mit ein.

„...das Wort ‚Emotion' ist von dem lateinischen ‚emovere' abgeleitet, das bedeutet ‚hinausbewegen, aufrühren, aufregen.' Emotion bezieht sich auf Bewegungen auf etwas zu und gegen etwas. Darüber hinaus drücken Emotionen die Idee von Beziehung aus, gewisse Ebenen, die einen an jemanden oder an etwas binden. Emotion bedeutet die Wertschätzung und Bedeutung, die ein Individuum mit einer bestimmten Person, einem Gegenstand oder Ereignis in seiner oder ihrer Umgebung verbinden. Um Emotion zu verstehen, muß man die Beziehungen, Motivationen und Ziele verstehen, und auch die Bedeutung (den Sinn), den jemand der Umgebung gibt. Weiterhin dient Emotion als eine Quelle von Gefühlsintensität. Diese Intensität dient als Erfahrung, die Werte hervorruft. Emotionale Erregung, unabhängig von der Art des Anhaftens, ob über eine Person oder eine Sache, teilt in unausdrücklicher Weise die Anliegen des Herzens mit. In diesem Sinn ist sie ein Urteil, das die persönliche Bedeutung porträtiert: was lebenswichtig ist und, im speziellen Fall der Liebe, was für die sinnhafte Existenz eines Menschen unwiderruflich ist." (24)

Emotionen reflektieren das „Gesetz der Teilnahme", sie sind die Sprache, die reflektiert, was für das Individuum bedeutungsvoll ist.

Das Herz von Sunyata

Nur wenn wir die Emotionen von jemandem verstehen können, können wir diese Person verstehen. Moralität hat mit Emotionen und Einfühlung (Empathie) zu tun, und beide können in dem Ausdruck „Herz" zusammengefaßt werden. Herz ist das Symbol für den ursprünglichen Kern einer menschlichen Person in seinen/ihren körperlichen, psychischen und spirituellen Dimensionen. „Herz" porträtiert unser authentischstes Begehren, das irgendwie Bezug hat zu einem Gefühl liebender Sorge für einen anderen. Es ist die universale Erfahrung der Einfühlung (Empathie) als Basis für den natürlich auftretenden altruistischen Ausdruck anderen gegenüber.

Das Herz ist ein Geheimnis von Sunyata/Leerheit; es ist auch die Mitte, in der die Wahl von Liebe oder Tod stattfindet, wo das Göttliche und das Menschliche einander treffen. Joshu war ein Mann des Herzens. Auch Nansen war ein Mann des Herzens und eine Vielzahl anderer Meister und Schüler. Aber Zen im Ganzen ist zum Macho-, zum Samurai-Zen geworden, und es hat sorgende Beziehungen und Emotionen vernachlässigt. Zen muß nun ein Herz entwickeln und lernen, die Emotionen im menschlichen Leben zu empfinden.

Es heißt: „Leidenschaften sind Erleuchtung". Solche Behauptungen sind bloß Generalisierungen ohne Kraft zu Führung und Artikulation. Der Psychotherapeut R.H. Hopcke zum Beispiel bemerkt, daß Bedauern das Kennzeichen von Reife ist und Schuld der Beginn der Verantwortung (25). Wie geht Zen damit um? Oder mit Konflikten, Betrug, Verlust und Trauer? Laßt uns dies, was zum praktischen Leben gehört, nicht einfach als Illusion außer Acht lassen. Das Herz gehört zum Bereich des Lebens in Beziehungen, und dies ist Gegenstand der Moralität des Herzens. Und das Herz braucht Imagination. Imagination ist das Feld, das das Herz ernährt. Imagination, die Vision der Erzählungen und der Symbole und auch unsere unzähligen Emotionen und Gefühle, zusammen mit Wahrnehmung, Urteil, Bewertung und Wahl müssen in dem Geschenk und dem Ruf des Anderen, des Selbst und der Welt geformt und verwandelt werden. „Herz" sagt das alles! Dieses Herz ist dieselbe bodhicitta (**bodaishin**), der Geist des Erwachens, dem wir im ersten Kapitel begegnet sind.

Schließlich enden wir, wo wir begonnen haben.

„Solange der Mensch ein Herz hat, wird er vom Herzen reden müsen mit eben diesem Wort Herz. Also immer. Immer wird er, wenn er einfältig und weise zugleich sich aus der Vielfalt in den einen Ursprung zurückruft, vom Herzen reden. Immer, wenn er die bleibende Essenz seiner Zeit in die Ewigkeit seines Daseins einsammelt, wird er sagen, daß er sie in seinem Herzen geborgen hat. Immer, wenn er sich selbst vollständig und bis zum Letzten hingibt, wird er sagen: Ich schenke dir mein Herz. Immer, wenn er in die finsteren Abgründe seines Daseins stürzt, wird ihm sein, als sei er gefangen in Verliesen seines toten und leeren Herzens. Immer wird er schlicht singen: „Geh aus mein Herz und suche Freud!" Immer wird er seine Begnadigung rühmen als Ausgießung des Heiligen Geistes in sein Herz. Immer wird der Geschmähte sich damit trösten, daß Gott sein Herz sieht. Immer wird man hoffen, daß „der Morgenstern endlich im Herzen aufgehen" wird, immer die selig preisen, die reinen Herzens sind, immer das Entsetzliche erfahren, daß das Böse aus der Grube des Herzens quillt, und selig sein, daß man das Gute im Herzen bewahren kann, immer die lieben, die von Herzen verzeihen können, immer allein danach gerichtet werden, ob man aus ganzem Herzen geliebt hat, weil auf der Waage Gottes nur die Herzen gewogen werden." (26)

Die Vier Großen Gelübde

Zahllos sind die Lebewesen – ich gelobe alle zu retten
Unzählige Gefühle und eitle Gedanken –
ich gelobe sie alle zu lassen
Die Tore zur höchsten Wahrheit sind unzählbar –
ich gelobe, durch alle zu gehen
Der Weg des Buddha ist unüberschreitbar –
ich gelobe, ihn bis zu Ende zu gehen.

Ti Sarana

Ich nehme Zuflucht zum Buddha
Ich nehme Zuflucht zum Dharma
Ich nehme Zuflucht zum Sangha

Yamada Koun Roshi (1908-1990)

Anhang

Christliche Eucharistiefeier im Zen-Sesshin?

Ich möchte hier davon reden, wie ein Christ die Eucharistiefeier in einem Zen-Sesshin sehen und integrieren kann. Gewöhnlich feiere ich während des Sesshins die Eucharistie, an manchen Orten täglich, an anderen einmal. Es ist sozusagen das Rezitieren der christlichen Sutren. Es ist freiwillig, aber viele kommen und finden es sinnvoll. Manche fühlen sich verärgert und haben das Gefühl, daß dieses christliche Ding im buddhistischen Zen keinen Platz haben sollte.

Sakramente und Rituale sind ein wesentlicher Teil jeder Religion, Zen miteingeschlossen. Die Verehrung des Buddha, die Rezitation der Sutren, das Totengedenken, die Übertragung des (spirituellen) Verdienstes sind einige der üblichen rituellen Praktiken im Zen. Der Buddhismus ist primär eine Religion des Schweigens und der Apophatik, aber in der Praxis ist er voll von Devotion und Sakramentalismus. Der Buddha ist, wie man gesagt hat, „in der Erkenntnis menschlich, aber in der Wirkung göttlich" (Gombrich). Doch in ihrem Herzen pflegt die buddhistische Meditation die Stille. Die Stille nimmt uns aus unserem pausenlosen Geschwätz des Geistes heraus und bringt uns weg von der fruchtlosen Neugier und dem Beschäftigtsein und zeigt uns die Unangemessenheit all unserer Worte und Sprache. Die Stille ist nicht eine Leugnung des absoluten Geheimnisses, sondern eher Zeuge und Wächter des Geheimnisses.

Jede Religion muß, um vollständig zu sein, vier Dimensionen haben: Sakramente, Mystik, Schweigen und Handeln. (1) Jede Religion wird ihre Eigenart haben und eine Dimension mehr betonen, aber wenn sie die anderen drei nicht integriert, geht sie fehl. Von Primär-Religionen sagt man, daß sie sakramental seien, vom Hinduismus, daß er mystisch sei, vom Buddhismus, er sei schweigend und apophatisch, und vom Christentum, daß es aktivistisch sei. Für eine sakramentale Religion ist die Welt selbst die Offenbarung, und man erfreut sich in Dankbarkeit an der Welt. Mystische Religionen relativieren die Welt. Die Religion des Schweigens oder der Apophatik läßt die Welt sein. Eine aktivistische Religion versucht, die Welt zu verändern. Auf der negativen Seite kann Sakramentalismus zu Idolatrie verkommen, Mystik zu Weltverachtung und Weltflucht, Apophatik zu Bilderstürmerei und Nihilismus, und Aktivismus zu Ungeduld und Manipulation. Wenn eine Dimension die drei anderen verschluckt, dann blühen die Irrtümer.

Im Zen wird daher eine gewisse sakramentale Haltung nötig und fruchtbringend sein.

Wie schon vorher erwähnt, hat Zen-Buddhismus seine eigenen Rituale und Praktiken. Außerdem ist die ganze Welt für Zen ein Sakrament: Essen, Waschen, Arbeiten, Berge, Flüsse und die weite Erde, alles und jedes sind die Präsentation des Tathagata. Doch es wird sinnvoll sein, wenn man ausdrucksvolle Symbole und ausdrückliche Formulierungen gebraucht, die das Mysterium der Welt und des Selbst präsentieren und feiern. Die Eucharistiefeier ist für Christen das große Genjo-Koan, das aktualisierte Koan, das wunderbare Sutra des Himmels und der Erde und die Darstellung und Realisierung des Großen Bodhisattva-Gelübdes. Vielleicht sind diese Beschreibungen inadäquat. Der Kontext und die Symbolik der Eucharistie enthalten alles das, was gesagt wurde, und können es ausdrücken, und doch gibt es einen Unterschied zum buddhistischen Kontext und seiner Symbolik. Die Eucharistie, ihr Kontext und ihre Symbolik sind ähnlich und unähnlich. Und für Christen kann dies das Ideal und die Praxis, das Ziel und die Mittel, die Form und den Zweck von Zen-Meditation und Praxis zusammenfassen.

Die Eucharistie, Symbol der Wandlung

C.G. Jung war fasziniert von den christlichen Mysterien, vor allem von der Eucharistie.

Sie war für ihn der Ausdruck tiefster psychischer Strukturen der menschlichen Seele und das Symbol der Verwandlung. Blut, Qual, Hinrichtung, Entsühnung, Tod und Auferstehung, Mahl und Geschenk, Opfer des Ego und Opfer Gottes, der männliche Wein und das weibliche Brot zeigen die androgyne Natur Christi und der Einheit der Gegensätze. „Natur, Mensch und Gott, alle verbunden in der Einheit des symbolischen Geschenks, werden zum Ritus der Individuation und Transformation“. (2) Rene Girard, der französische Soziologe und Philosoph, sieht in der Eucharistie das höchste Modell, wie menschlicher Haß und Gewalt von einem Opfer übernommen werden, das dann zur Grundlage menschlicher Einheit und der Gesellschaft wird. Die Gewalt und der Haß des menschlichen Herzens werden herausgestellt und geheilt.

*Begegnung mit dem Vater**

Die eucharistische Symbolik wendet sich hauptsächlich an den Glaubenden. Hopcke jedoch, der jungianische Therapeut, spricht von der Eucharistie als einem archetypischen Ritual der Umwandlung aller Menschen in Verbindung zum Vater, nicht nur für Männer, sondern auch für Frauen:

„Falls die systematische Entfremdung der Söhne von den Vätern im Patriarchat einsetzt, so ist das Resultat nicht nur eine Art persönlicher psychologischer Zerbrochenheit, welche die Männer in Therapien treibt und sich in den emotionalen Schmerzen zeigt, die viele durch die Abwesenheit der Väter während der Kindheit und im Erwachsensein erfahren mußten, sondern dahinter lauert auch noch eine transpersonale Gefahr. Wenn Männer nicht nur sich selbst entfremdet, sondern von ihrem persönlichen und überpersönlichen Ursprung des Mann-Seins entfernt sind, in dem Sinne, daß der Vater als Quelle der Unsterblichkeit betrachtet wird, buchstäblich und im übertragenen Sinne, dann kann das Ergebnis nur spirituelles Unbehagen und Verzweiflung sein. Es ist eine Art „lebendig-tot sein", in dem die Hoffnung auf ein höheres, besseres Dasein weggenommen und gegen materiellen oder kollektiven Ersatz, der ins Nichts führt, eingetauscht wurde.

Ob es sich um Gläubige oder Nicht-Gläubige handelt, es hängt vom Menschen ab, in den Griff zu bekommen, was der christliche Mythos mit der Symbolik für die westliche Kultur so vollkommen für sich in Anspruch genommen hat, nämlich die Art und Weise, wie weit wir an Sterblichkeit und Unsterblichkeit, Tod und Leben beteiligt sind. Statt einfach an eine Figur wie Christus zu glauben, versuchen Männer in der Psychotherapie auf der tiefsten Ebene

---

* Übersetzung von „Begegnung mit dem Vater", „Betrug und Liebe", „Christus und der Zen-Meister als Grenzgestalt": Angelika Gilmore

durch ihren Individuationsprozeß Christus zu werden, das Paradox von Inkarnation und Gottheit, Tod und Leben zu überbrücken, in den Kontakt mit der Quelle ihrer Existenz als Männer zu kommen und sich ganz zu erkennen und sich als einzigartige Wesen in Beziehng zu dieser Quelle zu verwirklichen. So gesehen drückte die Vater-Sohn-Beziehung viel mehr als nur eine emotionale Bindung für den modernen Menschen aus, sie ist vielleicht eher Sitz spiritueller und körperlicher Erlösung". (3)

*Betrug und Liebe**

Ein weiterer Jungianer, James Hillman, spricht von der Passion Christi unter Einbeziehung der Eucharistie als Befreiung der Anima. Wir erinnern uns, daß die Eucharistie die Feier des Leidens, des Todes und der Auferstehung Jesu Christi ist. Es ist ein reichlich langes, aber wunderschönes Zitat:

„Man kann nicht umhin, die Akkumulation des Anima-Symbolismus im Zusammenhang mit dem Motiv des Betrugs zu sehen. Während das Drama des Betrugs sich entfaltet und verdichtet, tritt das Weibliche mehr und mehr hervor. Ich möchte kurz an die Fußwaschung, das Abendmahl und das Gebot der Liebe erinnern; an den Kuß und die Silberlinge; an die Agonie in Gethsemane – einem nächtlichen Garten, an den Kelch und den salzigen Schweiß, der wie Blutstropfen zur Erde fiel; an das abgeschlagene Ohr; an das Bild der unfruchtbaren Frau auf dem Weg nach Golgotha; an die Warnung im Traum der Frau des Pilatus; an die Erniedrigung und das Leiden, an die Galle und den bitteren Schwamm, an Nacktheit und Schwäche; an die neunstündige Finsternis und den Überfluß an Marien; und ich beziehe mich speziell auf die Wunde an der Seite im Moment der Hilflosigkeit des Todes, so wie Eva aus Adams Seite gerissen wurde. Und schließlich die Entdeckung des weiß gekleideten, auferstandenen Christus durch Frauen.

Es scheint, daß die Botschaft der Liebe, die Eros-Mission Jesu, ihre endgültige Kraft nur aus dem Betrug und der Kreuzigung erfährt. Denn in dem Moment, als Gott ihn im Stich läßt, wird Jesus wahrhaft menschlich und erleidet die menschliche Tragödie, mit seiner durchbohrten und verwundeten Seite, aus der Wasser und Blut fließt, einer ausströmenden Quelle des Lebens, der Gefühle und der Emotionen. (Dieser Blutsymbolismus ist in den Werken von Emma Jung und M.L. von Franz über den Gral verstärkt worden.) Die Puer-Qualität, die Haltung angstloser Sicherheit des Wunderpredigers, ist verschwunden. Der Puer-Gott stirbt, wenn das Urvertrauen gebrochen und der Mann geboren ist. Und der Mann ist nur dann geboren, wenn das Weibliche in ihm geboren ist. Gott und Mensch, Vater und Sohn sind nicht länger eins. Dies ist eine radikale Veränderung im maskulinen Kosmos. Nachdem Eva aus der Seite des schlafenden Adam geboren wurde, wird das Böse möglich; nachdem die Seite des betrogenen und sterbenden Jesus durchbohrt wurde, wird Liebe möglich." (4)**

Paradox, Wildnis, Vieldeutigkeit, Leere

Ich haben die Darstellung von Rosemary Haughton (5) für Zen-Zwecke am passendesten gefunden. Lassen Sie mich das

** Anm. d. Verf.: Die Zitate von Hopcke und Hillman zeigen einige partielle Einblicke in die Eucharistie, aber sie mögen nur auf Männer bezogen erscheinen. Ich biete sie als erläuternd und herausfordernd an, sowohl für Männer wie auch für Frauen, und nicht als Beispiele, die nur für Männer gedacht sind. „Vater" steht hier für „den anderen", der sowohl Männer wie auch Frauen zur Selbstüberschreitung auffordert. „Anima" bezieht sich auf „Seel-Sorge"oder Seelen-Erkenntnis für beide Geschlechter, was sich zweifellos weder nur auf Frauen noch nur auf Männer bezieht. Wie diese Symbole sich auf das Leben der Individuen, Männer wie Frauen, auswirken, ist hier nicht die Frage. (6)

in meinen eigenen Worten erklären: Die Eucharistie-Feier ist eine Dialektik von Formation und Transformation, von Struktur und Anti-Struktur. Sie hat einen bekannten Rahmen und ist ein bekanntes Ritual. Ein Ritual besteht darin, daß Menschen zusammenkommen und miteinander etwas tun. Ein Ritual muß nicht ritualistisch sein. Was sie zusammen feiern, ist nicht bloß Wiederholung, obwohl es in einen bekannten Ritus verpackt ist. Nachbarn versammeln sich, um Reinigung und Vergebung zu feiern, um sich an die historische Geschichte des Jesus von Nazareth zu erinnern, an sein Leiden, seinen Tod und seine Auferstehung, und um seine Wiederkunft zu beten. Aber in ihrem Herzen ist die Struktur der Eucharistie vieldeutig. Es sind gewöhnliche Leute, die sich hier versammelt haben, aber jetzt sind sie von der Welt getrennt, sie sind in eine neue Dimension von Raum-Zeit eingetreten. Sie sind nun ein heiliges Volk, ein königliches Priestertum. Sie bitten um Reinigung und Vergebung, aber sie sind bereits in der Präsenz des Heiligen und daher gereinigt. „Also gibt es jetzt keine Verurteilung für die, die in Christus Jesus sind." (Röm 8,1), wie Paulus sagt. Die englische Mystikerin Juliane von Norwich hat gesagt, daß es in Gott keinen Zorn gibt und daher keine Vergebung. Und doch gibt es Bilder eines verwundeten, zornigen Gottes und des gekreuzigten Sohnes. Schuld und Vergebung, Heiligkeit und Sündhaftigkeit, Opfer, Gnade und Natur werden alle zusammengehalten.

Die Menschen, die sich um den Tisch der Eucharistie versammeln, reden und sprechen über lang vergangene Ereignisse, aber jene Ereignisse finden hier und jetzt statt. Sie gedenken des Todes Jesu, aber er lebt ewig. Sie sprechen über Eschatologie, über das Ende der Welt und die kommenden Zeiten, aber das Ende ist hier und jetzt, und es gibt keine Zeit mehr. Sie hoffen auf Auferstehung, aber es ist das Kommen des Selbst, und Tod und Gebrochenheit sind Teil davon. Sie essen Brot und trinken Wein, aber es ist nicht wirklich Brot und Wein. Es ist der Leib Christi, es ist das Blut Christi. Das ist Christus selbst: Die Menschen sind der Leib Christi, das Universum ist der Leib Christi, Brot und Wein sind der Leib Christi. Du bist ein *Sünder,* und du bist der Leib Christi. Sie bitten zu Christus, dem Herrn, aber sie sind füreinander Christus. Sie beten, um gerettet zu werden, aber sie sind bereits „mit Christus miterweckt und mitversetzt in die Himmel" (Eph.2,6). (5)

Die eucharistische Situation und Struktur ist durchzogen von Vieldeutigkeiten, Paradoxien, Unsicherheiten und Spannungen. Wer bist du in der Struktur dieses Rituals? Wo stehst du? Wenn das Unversöhnbare nebeneinander steht, müssen Geist und Herz einen Sprung tun. Dann kann Glaube geschehen und Umwandlung stattfinden.

„Die Begegnung geschieht in Vieldeutigkeit, es ist ein Verlangen nach einem Sprung, nicht von einer Tatsache zu einer anderen Tatsache, sondern in ein ‚Zwischen', es ist: sich selbst in die unausgefüllte Stelle hineinzubegeben, die für den menschlichen Geist wesentlich unausgefüllt ist, weil es überhaupt keinen Weg gibt, um die zwei Begriffe, die getrennt ganz einfach zu erfassen sind, miteinander zu verbinden."

Und weiter heißt es:

„Sie sind so beschaffen, daß es einer wirklichen personalen Hingabe bedarf, wenn man sie miteinander verbinden will, ohne einen von ihnen zu zerstören. Diese Hingabe ist sinnlos – man kann aus dieser Verbindung keinen Sinn herausholen, und das ist der Grund, warum es so selbstmörderisch ist."

„Die Vieldeutigkeit präsentiert sich selbst nicht immer in derselben begrifflichen Form, das ist wahr. Sie hat keine fixierte Form, denn sogar die Pole des Raumes, der mit Kraft erfüllt zu werden verlangt, sind im Augenblick der Umwandlung unklar. Tatsächlich sind sie im Augenblick unwesentlich. Das Sakrament ist nur dann ein Mittel der Begegnung mit der Gnade, wenn die Spannung zwischen den beiden Unversöhnlichen aufrechterhalten wird, und nicht dann, wenn man sie versöhnt. Es steht nicht zwischen dem Gläubigen und Christus oder bringt Christus zum Gläubigen, sondern zwingt ihn einfach, Christus zu wählen oder ihn abzulehnen. Und in dem Augenblick der Wahl hat der Name dessen, den wir wählen, – Christus – keine Bedeutung. Der Sprung in die Leere bedeutet in der Tat eine so vollständige Begegnung, daß der Konflikt, die scharfe Schneide des Dilemmas undurchdringlicher Andersheit, verschwindet, und daß es ein Treffen gibt, das mehr eine Verschmelzung ist. Ich rede nicht über Emotionen, sondern über Ereignisse, denn in dem Akt des Glaubens ist nichts, was man geglaubt hat; da ist eine Identifikation des Gläubigen mit dem Objekt seines Glaubens, so daß er an diesem Punkt nichts glaubt. Er ist einfach darin."

„Worin der Gläubige ist, dem geben wir den Namen Christus, denn Christus ist das Selbst-Gewahrsein der kultischen Gemeinschaft, in der die Verwandlung sich ereignet. Er ist das symbolische Zentrum, zuerst als ein getrenntes Symbol, auf das sich Leute bewußt beziehen können. Dies ist die formative Funktion der Christus-Idee, und sie schließt das bißchen ein, das wir von dem historischen Mann Jesus von Nazareth wissen. Aber er ist auch das symbolische Zentrum, denn er ist das Selbst-Gewahrsein, das personale Leben der Gemeinde.“ (5)

*Grenzgestalten: Christus und der Zen Meister**

Christus selbst und das „in ihm, durch ihn und mit ihm“ stattfindende Opfermahl ist eine Grenzgestalt. Das bedeutet, daß er sich keinerlei Kategorie zuordnen läßt. Nicht einmal sein Geschlecht ist sicher, denn Christus ist weder männlich noch weiblich, er ist „Sophia“, die weibliche Weisheit, und für viele Mystiker „Christus, unsere Mutter“. Er ist Priester, aber auch das dargebotene Opfer. Er ist Gott und zugleich ein verletzlicher Mensch, „in allen Dingen wie wir, aber ohne Sünde“. Er wurde Meister genannt, aber er war als Diener unter ihnen, wusch ihre Füße und speiste sie. „Er war ein Herrscher und endete doch am Galgen. Meister und Diener, Zimmermann und König, ein Toter, der jedoch als lebendig erkannt wurde. Ein völliger Fehlschlag und ein totaler Erfolg.“ Christus wird von vielen als Schäfer und auch als Lamm erfahren; ein Bruder und ein Bräutigam, Retter und Richter, ein fester Fels und auch ein fließendes Wasser. Christus ist ein Individuum, aber auch die ganze menschliche Gemeinschaft, **totus Christus.**

Auch der Zen-Meister ist eine Grenzfigur. Ein Born der Weisheit, jedoch in den alltäglichen Problemen des Lebens genauso unerfahren wie jeder andere Mensch, erleuchtet und dennoch fehlbar und schwach, über Leben und Tod hinausgegangen, aber verletzlich und bedürftig, ein Bodhisattva, der dich trotzdem beschimpft und hinauswirft (jedenfalls in der Rinzai-Tradition des Zazen/Dokusan). Ein Freund, der gleichzeitig ein Feind ist; ein Meister, der ein Niemand ist, und darüber hinaus noch als Christ in Zen unterrichtet!

Durch Tod zum Leben

Das Ritual der Eucharistie drückt beides aus, die Verneinung und das Aufgeben des Selbst und die Annahme, das Empfangen des selben Selbst. Tod und Gemeinschaft gehen zusammen. Die Vieldeutigkeit und Zwischen-Natur der Eucharistie zeigt die Struktur der Gemeinschaft der Jünger, und sie läßt die Gemeinschaft hervortreten. „Stehe nirgendwo und laß deinen Geist hervortreten." Von dem Zwischen, dem Nichts, trittst du ein in Glauben, Hoffnung und Liebe, oder besser, Glaube, Hoffnung und Liebe finden statt in dem Zwischen und Nirgends. Leere ist Fülle. Du weißt nicht, wer du bist: du weißt dich selbst im Selbst-Geben und Selbst-Erhalten, in Rufen und Gerufen werden.

> „Der Geist und die Braut sagt, komm!
> Und laß jeden, der hört, sagen: komm!"
>
> (Off. 22,17)
>
> Wer ist es, der *so* kommt?

Anmerkungen

I. Kapitel

1. Bernard Faure, Chan Insights and Oversights, Princeton Univ. Press, 1993, S. 270-271.
2. Kenneth Kraft, Eloquent Zen: Daito and Early Japanese Zen, Univ. of Hawaii Press, Honolulu 1992, S. 93-94
3. Faure, S. 119.
4. Kraft, S. 100.
5. Dogens Shobogenzo, übers. von Kosen Nishiyama und John Stevens, Zürich 1989, Bd. 2, S. 143
6. Robert Aitken, Zen als Lebenspraxis, München 1988, Kap. 6.
7. Rita M. Gross, Buddhism after Patriarchy, Suny, N.Y. 1993, S. 258; S. 256.
8. Dogen (Übersetzung: Yokoi), zitiert in Heinrich Dumoulin, Geschichte des Zen-Buddhismus, Bd. 2, Bern 1986, S. 80
9. Zenkei Shibayama, Zu den Quellen des Zen, Bern-München 1988, S. 93
10. Hee-Jin Kim, Dogen Kigen, Mystical Realist, Univ. of Arizona Press, Tuscon 1975, 1987, S. 71
11. In Richard H. Drummond, Gautama the Buddha, William B. Erdmann, Grand Rapids, Michigan 1974, S. 123, 124.
12. Rita Gross, a.a.O., S. 264.
13. Masao Abe, ‚Zen and Western Thought', Univ. of Hawaii Press, Honolulu 1985, S. xxii.
14. In: John B. Cobb and Christopher Ives, (Eds.) The Emptying God, Orbis Books, N.Y. 1992, S. 60, 61.
15. Faure, a.a.O., S. 182.
16. Kim, a.a.O., S. 225, 226.
17. Dogen, Shobogenzo, a.a.O., Bd. 2, S. 48 und 50

2. Kapitel

1. Rowan Williams, Teresa of Avila, (Geoffrey Chapman) 1991, S. 149
2. Carl Bielefeldt, Dogen's Manuals of Zen Meditation; from ‚Conclusion', Univ. of Hawaii Press, Honolulu 1988.
   Vgl. auch Hee Jin Kim: Dogen Kigen: Mystical Realist, Introduction, Univ. of Arizona Press, Tuscon 1987.
   Vgl. auch Rowan Williams' Neudefinition von Mystik, a.a.O.
3. Rowan Williams, a.a.O.
4. Vgl. das Kapitel über Zwerchfellatem in André von Lysebeth, Pranayama. Otto Wilhelm Barth Verlag, 1972
5. Kim, a.a.O., S. 60
6. Zitiert in Ann Wis lon Schaef, Beyond Therapy, Beyond Science, Harper, San Francisco 1992, S. 184

7. Gabriel Moran: Uniqueness, Orbis Books, New York 1992, S. 121
8. Gabriel Moran, „Alternative Developmental Images" in: Stages of Faith and Religious Development, ed. Fowler & Co., Crossroads 1991
9. Kim, a.a.O., S. 164
10. Kim, a.a.O., S. 52-53
11. Siehe Mumonkan, Fall Nr. 23
12. Zitiert von Russel Meares, The Metapher of Play, Hill of Content, Melbourne 1992, S. 30-31
13. Russel Meares, a.a.O., S. 39, 40.
14. Kim, a.a.O., S. 56.
15. Torei Zenji's Bodhisattva Gelübde wird in vielen Rinzai Zentren rezitiert
16. D.T. Suzuki, ‚Satori' : in „A Zen Life: D.T. Suzuki Remembered" ed. Masao Abe, Weatherhill 1986, S. 28
17. Kim, a.a.O., S. 63;
18. Gerta Ital, Der Meister, die Mönche und ich, München 1966
19. Forms of Feeling: The Heart of Psychotherapy, Tavistock/Routledge, 1985, 1989, S. 160
20. Vgl. Russel Meares, a.a.O.
21. Dies ist eine Passage aus der ‚Diamant Sutra' und wird in den ‚Gemischten Koans' von Sambokyodan als Koan verwendet.
22. William M. Bodiford, Zen in Medieval Japan. Uni. Hawaii Press, 1993, vgl. auch Bielefeld, a.a.O.
23. Bodiford, S. 153-156
24. Conrad Hyers, Once-born, Twice-born Zen, Longwood Academic, Durango, Colorado,1989
25. Yampolsky, Hakuin, S. 39, zitiert in Hyers, S. 34.
26. Shobogenzo, in Cook, trans., How to raise an Ox, S. 96; in Hyers, S. 58.
27. in Hyers, a.a.O., S. 104
28. Hobson, a.a.O., S. 273.
29. Yoel Hoffman, Der Ton der einen Hand, München 1978
30. in Kim, a.a.O., S. 129
31. Rosemary Haughton, The Transformation of Man, Templegate Publishers, Springfield, Illinois 62705, 1967 und 1980
32. Dropping Ashes on the Buddha: The Teaching of Zen Master Seung Sahn, ed. S. Mitchell Grove Press, New York 1976, S. 46-47, 156-157.
33. The Zen Teaching Of Master Lin-Chi, trans. Burton Watson, Shambala, 1993, S. 21
34. Robert Avens, Imagination is Reality. Spring Publications, Dallas, Texas, 1980.
35. Kim, a.a.O., S. 77-78

3. Kapitel

1. in: Mysticism and Religious Traditions, ed. Steven T. Katz Oxford Uni. Press, 1993. Zum Hinduismus vgl. Wilhelm Habfass, India and Europe, ch. 21: ‚The Concept of Experience in the encounter between India and West', Suny, N.Y. 1988

2. „The Eastern Buddhist", 4,2 (1971).
3. Zitiert in: Shobogenzo: Zen Essays by Dogen. Trans. T. Cleary, Uni. Hawaii Press,1986, S. 21
4. Gregg Gibbs, in „Butsumon," Spring 1991: San Francisco
5. Hee-Jin Kim, Besprechung von: J. Shambaugh's ‚Impermanence is Buddha-nature', in Monumenta Nipponica, Spring 1991. Vgl. auch seinen Aufsatz in: Dogen Studies, ed. W.R. La Fleur, Uni. of Hawaii Press, Honolulu 1985. Vgl. auch Dale S. Wright on Zen and Language in „Philosophy East and West", 42/1.
6. Es wird gesagt, dies wären die Worte des Baby Buddha, er habe nach seiner Geburt drei Schritte getan und diese Worte geäußert.
7. Zitiert in R.Vachon, „Dying to Christ", Journal Monachin, Jan-Mars, 1980, Montreal.
8. Zitiert in Toshihiko Izutsu, Philosophie des Zen-Buddhismus, Reinbek/Hamburg 1979, S. 37
9. Udana, 80-81, in: Conze, (Hg.), Im Zeichen Buddhas, Frankfurt/M. 1957, S. 86
10. John Wu, The Golden Age of Zen, S. 16o. United Publishing Center, Taipei 1975
11. Seiichi Yagi, in The Myth of Christian Uniqueness, ed. Hick and Knitter, Orbis, 1987.
12. John Dunne, The Peace of the Present; Uni. Notre Dame, 1991 S. 112.
13. Siehe Keiji Nishitanis Aufsatz: , I-Thou relationship in Zen', in the Buddha Eye, ed. F. Franck.
14. Bruteau, „Trinitarian Personhood", Cistercian Studies, XXII (1987) 3, S. 119-212, siehe auch „Trinitarian World" Cis. Studies, 1989:2; review of ‚Merton and Walsh on the Person' by Dr. R. Imperato; in IPQ, Sept. 1991.
15. Dunne, a.a.O., S. 90-91
16. ebd., S. 113
17. Wu, a.a.O., S. 173-4.
18. ebd. S. 160-1; S. 282.
19. Numen, Vol. 4 (1993), S. 115-148; „Zen is not Buddhism": recent Japanese critiques of Buddha Nature: by P.L. Swanson. (Dank an Frau Dr. Ursula Baatz, die mich darauf hinwies)
20. zitiert in: O. Davis, Meister Eckhart: Mystical Theologian, SPEK 1991, S. VII
21. Kim, a.a.O., S. 131.
22. Fr. George Kulangara, CMI, „Catuscoty as the Criterion of Meaning", The Living Word, May June 1992, Alwaye, India
23. Kim, a.a.O., S. 123.
24. Bi-Yän-Lu, übers. von W. Gundert, München, 1988, Bd.1, 202
25. Dunne, a.a.O., S. 113.
26. ebd., S. 99, S. 101
27. Siehe Dunne, The Reasons of the Heart, Kap. 2, Univ. Notre Dame Press, 1979
28. Meister Eckhart, Deutsche Predigten und Traktate, hg. v. J. Quint, München 1979, Predigt 28, S. 285

4. Kapitel

1. Anne Wilson Schaef, Beyond Therapy, Beyond Science, Harper, San Francisco 1992, S. 251
2. Über dysfunctionale Organisationen vgl. A.W. Schaef, When Society becomes an Addict, San Francisco, 1987; A.W. Schaef with Diane Fassel, The Addictive Organisation, San Francisco, 1988 (deutsch: Im Zeitalter der Sucht, München 1993; Suchtsystem Arbeitsplatz, München 1994)
3. Vgl. die ersten beiden Kapitel in: John S. Dunne, Peace of the Present, Washington, 1991. Auch: John F. Haught, What is God?, N.Y.,1990, das Kapitel über Wahrheit
4. Siehe Ian Reader, Religion in Contemporary Japan, Honolulu 1991
5. Torlose Schranke, Yamada Kuon zu Fall Nr. 23
6. Zitiert in: David M. Wulf, Psychology and Religion, New York 1991, S. 4-5.
7. In John F. Haught, a.a.O., S. 147-148.
8. ebd, siehe die letzten Kapitel
9. Vgl. dazu: James W. Fowler, Stages of Faith, San Francisco 1981 (deutsch: Stufen des Glaubens, Gütersloh 1991); Elisabeth Lieber, Changing Life Patterns: Adult Development in Spiritual Direction, N.Y. 1991; und auch C. Dykstra and S. Parks and Fowler: Faith Development, Birmingham, Alabama, 1986
10. In: Alan Jones, Soul-Making, SMC Press, London 1986, S. 118-119
11. Aus einem Manuskript von Ruben L.F. Habito, Titel: „Maria Kannon Zen: Explorations in Buddhist Christian Practice".
12. Ruben L.F. Habito, Besprechung der Schriften der Philosophen der Kyoto-Schule, „The Eastern Buddhist," XXV, Kyoto 1992/ 2, S. 140.
13. Winston L. King. „Is there a Buddhist Ethic for the modern World?" ibid, S. 1-13.
14. Rita M. Gross, Buddhism after Patriarchy, Suny, N.Y. 1993, S. 214.
15. Zitiert in : Winston Davis, Japanese Religion and Society: Paradigms of Structure and Change, N.Y. 1992, S. 217, Siehe Kapitel 5 und 6 für einige der hier verwendeten Ideen.
16. Zitiert in : Christopher Ives, Zen Awakening and Society, Univ. of Hawaii Press, Honolulu 1992, S. 65
17. Paul L. Swanson, „Zen is not Buddism," Numen Vol. 40 (1993), S. 135.
18. Zitiert in Ives, a.a.O., S. 9o-91.
19. Vgl. Charles Taylor, The Sources of the Self, Cambridge, Mass., 1990, S. 454 ff
20. Ich übernehme die Beschreibung des „Antlitz", und was daraus folgt, teilweise aus dem Aufsatz von Robert R. Williams, Good, Evil and the Face : Edward Farley's Good and Evil', Philosophy Today, 1992, S. 281-293
21. Robert Jay Lifton, The Nazi Doctors: Medical Killing an the Psychology of Genocide, New York 1992, S. 103
22. vgl. dazu Christopher Ives, a.a.O.

23. Gabriel Moran, Uniqueness: Problems or Paradox in Jewish and Christian Tradition, NewYork 1992, S. 103
24. Simone Weil, zitiert in John Dunne, Peace of the Present, a.a.O., S. 61.
25. Charles M. Shelton, Morality of the Heart, New York 1990, S. 78.
26. Robert M. Hopcke, Men's Dreams, Men's Healing, Boulder, Col., 1990, S. 188

27. Karl Rahner, „Siehe dieses Herz", Prolegomena zu einer Theologie der Herz-Jesu-Verehrung, in: Schriften zur Theologie, Einsiedeln 1954 ff., Bd.3, 388/9

Anhang

1. Vgl. Haught, What is Religion?, a.a.O.
2. Vgl. die Zusammenfassung in Wulf, Psychology and Religion, a.a.O., S. 444-446.
3. Hopcke, a.a.O., S. 164 – 165
4. Hillman, J., Loose Ends, Dallas, Tex., 1978, S. 70
5. Rosemary Haughton, The Transformation of Man: A Study in Conversation and Community, Templegate Publishers, Illionois, (1967) 1980, S. 275-277.
6. Für das nach-jungianische Verständnis von Anima und Animus, siehe: Samuels, A., Jung and Post-Jungians, London 1985, und Samuels, A. (ed.), The Father, London 1985

Bildnachweis

S. 12	Sengai, Bodhidharma, Idemitsu Galerie, Tokyo
S. 39	Sengai, Frosch, Idemitsu, Tokyo
S. 62	Sesshu Tokyo, Eka präsentiert seinen abgeschnittenen Arm dem Bodhidharma, Sainen - in, Ainchi Präfektur
S. 105	Sengai, Bambus, Idemitsu, Tokyo
S. 135	Buddha und Kreuz (Foto: Wolfgang Voigt)
S. 147	Sengai, Bodhidharma als Frau, Idemitsu Galerie, Tokyo
S. 163	Sengai, Der Mond, Idemitsu Galerie, Tokyo
S. 173	Yamada Koun – Roshi, 1908-1990 (Aus Privatbesitz)
S. 182	Meditationshalle im Meditationshaus St. Franziskus, Dietfurt/ Altmühltal (Foto: Michael Gloßner)

Die Tuschzeichnungen von Sengai sind entnommen aus: D.T. Suzuki, Der Zen-Meister Sengai, Tuschzeichnungen und Gedichte, Du Mont Verlag Köln, 1985 (englische Ausgabe: Matsugakoa Bunko Foundation, Tokyo 1971)

Kontaktadressen:

In Indien:

Bodhi Zendo
Perumal Hills
Kodaikanal - 624 108

oder:

Dhyana Ashram
13 Madha Church Road
Madras 600 028

In Europa:

Meditationshaus St. Franziskus
D-92345 Dietfurt/Altmühltal

Domicilium e.V.
c/o Dr. Snela
Waisenhausstraße 20
D-80637 München

Karl Obermayer
Ramperstorffergasse 65
A-1050 Wien